Enna Pertim

Abschied heißt nicht Ende

Abschied heißt nicht Ende

Frauen erzählen über den Tod ihres Partners und ihr Leben nach dem Verlust

herausgegeben von
Enna Pertim

Vorwort von Verena Kast

Herder
Freiburg · Basel · Wien

Satz: Fotosetzerei G. Scheydecker, Freiburg im Breisgau
Druck und Bindung: Freiburger Graphische Betriebe 1994
Umschlaggestaltung: Joseph Pölzelbauer
Umschlagmotiv: © Bavaria Bildagentur
ISBN 3-451-23105-0

Inhalt

Vorwort

In diesem Buch erzählen Frauen davon, wie sie trotz des „vorzeitigen" Todes ihrer Partner weitergelebt haben. Es sind dies Erfahrungsberichte von in ihren Persönlichkeiten sehr unterschiedlichen Frauen in ebenso unterschiedlichen Lebenssituationen, die in unterschiedlichen Partnerschaften lebten. So werden diese Berichte es denn auch vielen Frauen ermöglichen, Anteil zu nehmen an dem Schicksalsschlag sowie an der Entwicklung, die aus der damit zusammenhängenden existentiellen Krise herausführte.

Es sind nicht Trauerprozesse im engeren Sinne, die hier geschildert werden, dazu sind die Geschichten auch viel zu kurz, sondern es werden einzelne Trauererfahrungen und Trauerepisoden beschrieben – Gedanken über den Tod, Gedanken über das Leben danach.

Alles in allem sind diese Geschichten Dokumente des Mutes, aber auch Dokumente des Erfindungsreichtums des Menschen. Dokumente des Mutes, weil immer wieder deutlich wird, wie aus der Situation eines sich Zerstörtfühlens heraus, gelegentlich durch viel Mutlosigkeit hindurch, doch wieder Mut zum Leben gefaßt wird, bis hin zu dem, was oft als „Lohn" einer bestandenen Trauerarbeit beschrieben wird: Das Erlangen des Sinnes für die Kostbarkeit des Lebens. Menschen können nach einem Verlust viel entschlossener als vorher das Leben auskosten, sie können viel deutlicher als vor dem Verlust den Wert des Lebens und den Wert einer Beziehung erkennen.

Dokumente des Erfindungsreichtums: Fast in jeder Erzählung wird deutlich, wie Strategien gesucht und auch gefunden werden, um den Verlust doch noch etwas erträglicher zu gestalten. Sei es, daß der Mann als noch „vorhanden" erlebt wird, allerdings in einer anderen Form, sei es, daß die Lebenszeit im Verhältnis zur Ewigkeit etwa als „nur ein Hauch" bezeichnet wird etc.

Alle Frauen scheinen nach dem Verlust ihres Partners grundsätzlich mit mehr Angst zu kämpfen, unter anderem wird auch oft die Angst genannt, erneut einen geliebten Menschen zu verlieren. Dieses Mehr an Angst kann verschieden verstanden werden: Eine solche existentielle Krise, ausgelöst durch den Verlust des Partners, bewirkt, daß wir in unserer Identität verunsichert sind, und in einer solchen Verunsicherung sind Menschen grundsätzlich ängstlicher. Es gehört auch zu dem uns erschütternden Erlebnis von Tod, daß uns plötzlich bewußt wird, daß jeder Mensch sterblich ist, und daß Bindungen, werden sie gelöst, uns in große Trauer stürzen können. Daraus ergibt sich dann Angst, sich wiederum in Beziehungen einzulassen, weil der Preis der Beziehung eben die Trauer sein kann. Steht nun aber – als Folge der Trauerarbeit – der Wille im Vordergrund, nun das Leben wirklich zu leben, nichts zu versäumen, und damit auch verbunden der Wunsch, sich wiederum in Beziehungen – es muß keine Liebesbeziehung sein – so intensiv wie möglich einzulassen, kann die Angst vor einem möglichen erneuten Verlust steigen. Es wäre aber auch möglich, daß diese Frauen sich grundsätzlich in ihrer Beziehung zu ihren Männern weniger ängstlich gefühlt haben, oder die Beziehungen so gelebt haben, daß möglichst wenig Angst entstand.

Weiter ist all diesen Frauen gemein, daß sie – jeweils ihrem Wesen gemäß – die Erinnerung an ihren verstorbenen Mann aufrechterhalten. Und man kann diese Sammlung von Berichten auch unter dem Aspekt lesen: Wie halte ich einen toten Menschen in meiner Erinnerung lebendig? Das ist bestimmt ein wesentlicher Aspekt in der Verarbeitung eines Verlustes, wobei die Trauer ja auch deshalb so schwer auszuhalten ist, weil man gleichzeitig einen Menschen loslassen muß in seinen Tod hinein, die Erinnerungen an ihn aber in unserer Psyche so lebendig als möglich erhalten muß.

Es fällt auf, daß immer wieder davon gesprochen wird, wie gern die Frauen über ihren verstorbenen Mann sprechen oder gesprochen haben. Eigentlich würden sie dies gerne noch stärker tun, als es ihnen möglich erscheint. Daneben scheint aber auch das Gespräch mit dem verstorbenen Mann einen recht großen Raum einzunehmen. Auffällig ist in diesem Zusammenhang, daß kaum Probleme in der Beziehung zum verstorbenen Mann angesprochen werden; auch nicht davon erzählt wird, wie damit umgegangen wurde, wenn plötzlich auch weniger schöne Ereignisse aus dem gemeinsamen Zusammenleben erinnert wurden. Es mag nun sein, daß die Frauen dieses Buches solche Ereignisse als zu speziell, als nicht typisch für ihr Zusammenleben mit dem Verstorbenen erachteten. Ich bedauere dennoch, daß diese Aspekte nicht genannt wurden, sie hätten es mancher Frau ermöglicht, sich noch mehr Hilfestellung aus den Texten zu holen. Überhaupt wäre es sehr interessant gewesen, mehr und auch Genaueres über die verzweifelten Stunden zu hören. Daß es sie gab, darüber lassen die hier zu Worte kommenden Frauen keinen Zweifel offen.

Interessant ist weiter, wie die Mütter jeweils die Trauerverarbeitung ihrer Kinder schildern, sie gegebenenfalls auch kritisieren. Deutlich wird dabei, daß beim Tod eines Elternteils sich der andere durch diesen Lebenseinschnitt ebenfalls sehr verändert, und damit die ganze Familie einer großen Veränderung und Belastungsprobe unterworfen ist. Daß die „Kinder" jeweils auf ihre Art trauern, ist offenbar nicht immer leicht zu ertragen, zeigt sich doch bei den Frauen, die ihren Partner etwa um das 50. Lebensjahr herum verloren haben, daß nicht nur der Partner verloren ist, sondern nun auch die Kinder in der Phase sind, in der sie die Familie verlassen; es steht viel Trennung an – es muß viel Trennung unterschiedlicher Art ausgehalten werden.

Die Erfahrungen der Frauen in diesem Buch sind dann aber auch wieder sehr unterschiedlich. So berichten einige, ihre Freunde und Bekannten hätten sie im Stich gelassen, andere konnten gerade durch die Hilfe von Freunden und Bekannten besser mit ihrem Verlust umgehen. Leider erzählen diese Frauen nicht, welche Bedeutung ihre Beziehungen zu Freundinnen und Bekannten vor dem Verlust hatte, ob es sie überhaupt gab, oder ob wir es hier mehrheitlich mit Frauen zu tun haben, die vor allem in der Beziehung zu ihrem Mann gelebt haben.

Interessant ist auch, wie verschieden mit Gegenständen des vergangenen gemeinsamen Lebens umgegangen wird. Da empfiehlt eine Frau, auf Jahre hinaus gar nichts zu verändern; eine andere hat zum Beispiel schon kurz nach dem Tod „alles", was die Einrichtung betrifft, verändert. Auch das Verhältnis zum Grab und die Vorstellungen vom Jenseits sind sehr verschieden, was zum Teil wohl persönlichkeitsbedingt, zum Teil auch in Zusammenhang mit dem jeweiligen Stand des Verarbeitens des Verlustes zu sehen ist.

Und doch ist allen Frauen dann wieder gemeinsam, daß sie „neu" werden müssen, und einige sagen auch, mit berechtigtem Stolz, sie seien „neu" geworden. Dies scheint mir die wichtigste Botschaft der hier versammelten Erfahrungsberichte zu sein: Es wird ganz deutlich, daß die verschiedenen Frauen durch den Tod ihres Partners in einem gewissen Sinne als die alten, die sie waren, „mitgestorben" sind; und daß sie, durch das Aushalten der Trauer und auch durch das Verarbeiten der Trauer, in einer neuen und zuvor nicht gekannten Weise sie selbst geworden sind.

Ich hoffe, daß diese Berichte anregen, über Verlust zu sprechen, und sie viele Menschen auch in ihren schwierigen Lebenssituationen ermutigen können.

Verena Kast

Zu diesem Buch

Wer nicht weinen kann,
wird eines Tages schreien.

In den vielen Jahren seit dem Tod meines Mannes habe ich mich immer wieder mit dem Gedanken beschäftigt, Gespräche mit Frauen zu veröffentlichen, die wie ich in der Lebensmitte ihren Partner verloren haben; in einer Lebensphase also, in der man noch nicht mit dem Verlust durch Tod rechnen muß. Es schien mir wichtig, Erfahrungen alleinstehender Frauen weiterzugeben, um auf diesem Wege vielleicht die eine oder andere Möglichkeit aufzuzeigen, wie man sich und anderen helfen kann, wenn man direkt oder indirekt betroffen ist. Wir alle, die wir hier zu Worte kommen, haben eine existentielle Erschütterung erfahren, durchlebt und schließlich auch bewältigt.

Ich halte es für ermutigend, daß aus der abgrundtiefen Trauer irgendwann neue Kraft wächst, im Sinne eines gemeinsam gelebten Lebens weiterzumachen; daß über den Schmerz hinaus einmal erlebtes Glück auch tragende Impulse aussenden kann, Neues zu entwickeln, ohne Altes aufgeben zu müssen. Ich habe bewußt Gespräche mit solchen Frauen ausgewählt, deren Lebenssituation sich durch das Verlusterlebnis so radikal verändert hatte, daß die vor ihnen liegende Zeit aussichtslos oder nicht mehr lohnenswert erschien. Bei allen handelt es sich um die Lösung aus einer glücklichen ehelichen Verbindung. Den Gesprächen liegt ein von mir entworfener

Fragebogen zugrunde, der sich aus vielen Gesprächen mit hinterbliebenen Ehefrauen entwickelt hat. Sie wurden aber völlig frei durchgeführt. Daraus ergibt sich der manchmal assoziative Charakter einzelner Beiträge, der sich nicht nur sprachlich zeigt, sondern auch den Ablauf der Gespräche bestimmt. Es sollte erreicht werden, daß einzelne Punkte unterschiedlich akzentuiert eingebracht werden konnten, so wie es den Wichtigkeiten und Nachwirkungen der persönlichen Erfahrung entsprach. Stilistisch habe ich kaum etwas verändert. Es erscheint mir sinnvoll, daß die spontane Ausdrucksweise erhalten bleibt, die ja auch Spiegelbild der jeweiligen Betroffenheit und der jeweiligen Persönlichkeit ist.

Mich hat es erstaunt, daß fast alle Frauen erneut erschüttert wurden, je mehr sich das Gespräch dem Zeitpunkt näherte, in dem sich der Tod als unausweichliche Realität ereignet hatte. Die Zeit, die angeblich Wunden heilt, schien in diesen Augenblicken aufgehoben zu sein.

„Trauer kann weder vergessen, noch durch die Zeit ‚geheilt' werden ... von der Trauer kann man sich reinigen lassen, aber die Trauer selbst kann nicht ganz gereinigt werden. Sie wird immer wieder anders kommen ..." (Jorgos Canacakis) oder wie Lyn Caine sagt: „... die Narben meines bitteren Kummers trage ich für alle Zeit in mir".

Manche der Beiträge sind sehr kurz ausgefallen. Das liegt daran, daß ich keine vertiefenden Fragen gestellt habe, weil sich dadurch die schmerzlichen Gefühle der Gesprächspartnerin verstärkt hätten. Jeder Beitrag kann eben immer nur einen Ausschnitt des persönlichen Schicksals erfassen, so daß das Bild der hier zu Wort kommenden Frauen fragmentarisch bleiben muß. Dennoch hoffe ich, daß es gelungen ist, hinter den Darstellungen auch Menschen in ihrer persönlichen Eigenart ‚sichtbar' zu machen.

Es finden sich vor kurzem erst erlebte Trauerfälle und länger zurückliegende. Ich habe diese Auswahl so getroffen, um auch mögliche Veränderungen aufzuzeigen, die im Verlauf eines Trauerprozesses eintreten können. Die Gespräche ergänzen sich insofern, als sie unterschiedliche Schwerpunkte enthalten. Allein in diesem Sinne habe ich meinerseits Akzente gesetzt, um allzu häufige Doppelungen zu vermeiden.

Vom Verlust des Selbstwertgefühls bis zur Isolation, von der Anklage bis zur Resignation – aber auch ein neues Beginnen nach leidvoll durchlebtem Trennungsprozeß, das sind die Stationen, die Auskunft geben über Grunderfahrungen und Möglichkeiten auf dem Weg zur Selbstfindung nach dem Verlust eines geliebten Menschen.

Insbesondere Frauen wird die Neigung zugeschrieben, starke gefühlsmäßige Bindungen einzugehen, und es zeigen sich entsprechend heftige Gefühlsreaktionen, wenn diese Bindungen zerbrechen. Das trifft in besonderem Maße beim Ableben geliebter Menschen zu und kann im äußersten Fall zu Apathie und Tod führen. „Nur wer die Liebe meidet, kann dem Schmerz entgehen. Es kommt darauf an, aus ihm zu lernen und weiterhin durch Liebe verwundbar zu sein". (John Brantner)

Es gibt Untersuchungen, die belegen, daß ungefähr 50 Prozent der Frauen am Ende des ersten Trauerjahres wieder zu sich selbst gefunden haben. Aber – und das hängt in entscheidenem Maße auch von der Liebesbeziehung zu ihrem Ehepartner ab – viele brauchen drei bis vier Jahre, um ihrem Leben erneut einen Sinn zu geben. Verlassenheit, Angst, Müdigkeit und Hilflosigkeit, Sehnsucht, Abgestumpftheit und Betäubung – und nicht selten Schuldgefühle –, das ist die Spannbreite der Empfindungen nach dem Tod eines Menschen, der einem über längere Zeit sehr nahegestanden hat.

Es ist allzu verständlich, daß wir bei einem Todesfall wissen möchten, warum er sich ereignet hat, und gerade bei plötzlichen Todesfällen ist das Suchen nach einer Antwort besonders stark. Für viele findet sie sich im religiösen Bereich, andere versuchen, sich mit philosophischen Betrachtungen auseinanderzusetzen, um die eigene Ohnmacht aushalten zu können.

Die Erfahrung der Trauer hat etwas an sich, was andere dem Trauernden gegenüber hilflos macht. Oft wird der Zustand von denen, die Zeuge des Leids werden, besonders schmerzlich empfunden, weil sie nicht oder kaum helfen können.

In der Psychologie spricht man von unterschiedlichen Trauerphasen, die bei Trauerprozessen zu beobachten sind. Da gibt es die Phase des ‚Suchens', des ‚Findens', des ‚Sich-Trennens'. Wem es gelingt, die unterschiedlichen Phasen zu bewältigen, der wird erfahren, daß das Finden auch als ein „inneres Finden von Werten erlebt wird, die in der Beziehung gesteckt haben; ein Finden von eigenen Möglichkeiten, die durch diese Beziehung aufgebrochen sind ..." (Verena Kast).

Für die Trauerbegleitung ist es hilfreich, daß man den Trauernden nicht drängt, das ‚unsinnige' Suchen aufzugeben und den endgültigen Verlust zu akzeptieren. Ein Trennungsschmerz braucht wie jede körperliche Krankheit auch Zeit zum Ausheilen, und da unterliegt jeder seinen eigenen Gesetzen.

Wie wichtig es dabei ist, über seinen Kummer sprechen zu können, sagen folgende Zeilen von Shakespeare: „Gebt Worte eurem Weh; Schmerz, der nicht spricht, raunt ins beschwerte Herz sich, daß es bricht".

Von schmerzlichem Verlust Betroffene zeigen im ersten Jahr nach dem Tod ausgeprägte depressive Symptome. Bei jungen Witwen und Witwern treten scheinbar vermehrt körperliche Beschwerden auf, und es ist eine Erfahrungstatsache, daß viele Menschen in ihrem Kummer therapeutische Hilfe benötigen. Das mag auch mit daran liegen, daß sich religiöse Bindungen gelockert haben, die den Menschen sonst eine Hilfe waren, Verluste zu bewältigen.

Der Tod greift immer in unser Leben ein. „Jeder Abschied, sei es vom geringsten, ist ein Stückchen Tod“, sagt der Komponist Ernst Krenek. Aber wir verlieren nicht nur, wir gewinnen auch. Auch das Erleben der Trauer um einen geliebten Menschen gehört zu uns, und manchmal ist es gerade diese Erschütterung, die uns Ungeahntes in uns erfahren läßt und unser Wesen weiter „zu entfalten“ vermag.

Tod bedeutet immer auch das Erlebnis einer Grenzsituation. In ihr werden wir gewahr, wie sehr unser Selbst- und Weltverständnis aufbricht, wie sehr von uns gefordert wird, das Abschiednehmen als Teil unserer Existenz zu akzeptieren.

Bei allem Abschiedsschmerz bleibt für viele der Trost, daß die innere Verbundenheit mit dem Verstorbenen über den Tod hinaus weiterlebt – oder wie Gabriel Marcel sagt: „Das Wesen, das ich liebe, ist immer da, auch wenn es tot ist“.

Trauer bedeutet Anpassung an Verlust, und diese Anpassung kann nur in einem Prozeß erreicht werden. Während dieses Prozesses gibt es ‚Traueraufgaben', die zu erfüllen sind. Man spricht dann auch von ‚Trauerarbeit', die vollzogen werden muß. Zu den wichtigsten Aufgaben zählen dabei:

- Den Verlust als Realität akzeptieren
- Den Trauerschmerz erfahren
- Sich anpassen an eine Umwelt, in der der Verstorbene fehlt
- Emotionale Energie in eine andere Beziehung investieren

Für viele Menschen ist die letzte Aufgabe die schwierigste. Es ist sicher kein Zufall, daß die Zahl neuer Eheschließungen bei Witwen annähernd 25 Prozent ausmacht, während sie bei geschiedenen Frauen bei 75 Prozent liegt.

Vielleicht kann es mancher Trauernden ein Trost sein, daß sich die Traurigkeit mit zunehmender Zeit des Alleinseins verändert: Sie schmerzt nicht mehr so.

Mein Dank gilt allen hier beteiligten Frauen für ihr Vertrauen und für ihre Bereitschaft, sich in diesen Gesprächen zu öffnen und sie zur Veröffentlichung freizugeben. Wir alle wünschen uns, damit einen Beitrag zu leisten, der für Hinterbliebene wie für deren Begleiter in der Bewältigung ihrer Trauer eine kleine Hilfe sein kann.

Enna Pertim

Meinen Kummer hielt ich für den größten

Elke V.

Elke hat Germanistik studiert und war vor ihrer Ehe gelegentlich als Journalistin tätig. Mit 27 Jahren heiratete sie ihren 10 Jahre älteren Mann. Er war Dozent an einer Musikhochschule und Künstler. Nach vierjähriger Ehe starb er mit 41 Jahren bei einem Verkehrsunfall. Die Ehe war kinderlos. Elke lebt seit sechs Jahren allein und ist heute in der PR-Abteilung einer Bildungsinstitution tätig.

Nach dem Tod meines Mannes war ich viele Jahre auf der Flucht; auf der Flucht vor mir selbst, vor der Wirklichkeit, vor dem Leben schlechthin. Nichts war mehr, wie es vorher gewesen war. Mir war ja mit aller Grausamkeit bewußt geworden, daß das Glück in meinem Leben keinen dauerhaften Bestand hat. Übrigens bin ich auch heute noch überzeugt, daß uns Glück immer nur für eine begrenzte Zeit geschenkt wird.

Als ich meinen Mann kennenlernte, sah das ganz anders aus. Wir wußten beide von Anfang an, daß wir zusammen gehörten, und haben schon drei Monate, nachdem wir uns kennengelernt hatten, geheiratet. Natürlich denkt man dann nicht daran, daß alles sehr schnell zu Ende sein kann, zumal in dem Alter, in dem wir beide waren.

Ich hatte mein Staatsexamen in Germanistik gemacht und war voller Begeisterung in meinen Beruf eingestiegen, als mir mein Mann buchstäblich ins Haus geschickt wurde, um Grüße von Freunden zu bestellen. Er war Dozent an einer Musikhochschule und hatte sich auch als Liedbegleiter schon einen Namen gemacht. Für mich war es die schönste Aufgabe, ihm ein Zuhause zu schaffen, in dem er sich wohlfühlen konnte und ganz für ihn da zu sein. Daher fiel es mir auch nicht schwer, meinen Beruf aufzugeben und ‚nur' Hausfrau zu sein, zumal wir uns beide auch Kinder wünschten. In unserem Leben spielte die Musik eine große Rolle. Das war für mich ein zusätzliches Geschenk, denn ich hatte auch vorher schon eine starke Beziehung dazu. Ich erzähle das deshalb so ausführlich, weil es meine vielleicht außergewöhnlich heftige Reaktion auf den plötzlichen Tod von Rolf, meine Haltlosigkeit, verständlich macht.

Unser Kinderwunsch hat sich in den vier Jahren unserer Ehe nicht erfüllt, aber wir konnten gut damit leben. Heute, wo ich allein bin, empfinde ich es als einen großen Mangel, kein gemeinsames Kind zu haben. So gibt es nichts lebendiges mehr, das mich mit Rolf verbindet. Ich weiß natürlich auch, daß ein Kind nicht zwangsläufig die gleichen Wesenszüge in sich tragen muß, aber es ist doch etwas da, das einen Teil von dem Menschen verkörpert, der nicht mehr bei uns ist. Außerdem hat man dann noch eine Aufgabe, eine Verantwortung ...

Ich sah keine Aufgabe mehr für mich, fühlte auch für andere oder mir gegenüber keine Verantwortung mehr. Ich kam mir wie ausgeblutet vor ..., auf eine andere Art schon gestorben. Rolf war erst 41 Jahre alt, als er starb, und das ist ja in der Mitte des Lebens. Obwohl wir nur vier gemeinsame Ehejahre hatten erleben dürfen, zählte nur die Zeit mit ihm, die so voll war wie ein ganzes Leben. Ich kann mir auch nicht vorstellen, daß sich das jemals ändern wird. Seit ich ihm begegnet bin, weiß ich erst, was das Wort ‚Liebe' bedeutet. Ich bin auch sicher, daß sich unsere Beziehung immer mehr vertieft hätte. Wir waren so sehr ein Teil des anderen geworden, daß wir uns ohne viele Worte verstanden, eben, weil jeder so stark darauf eingestimmt war, vom anderen her zu denken und sich auch so zu verhalten.

Liebe kennt keinen Zwang, nur eine innere Notwendigkeit – davon waren wir beide überzeugt und das war unsere Leitlinie gewesen.

Der Unfall, bei dem Rolf dann auch starb, passierte, als wir nach einem Konzert wieder nach Hause fuhren. Es ging alles ganz schnell. Von vorn raste ein Wagen auf uns zu, dem mein Mann ausweichen wollte. Dabei kamen wir auf den Seitenstreifen und müssen uns überschlagen haben. Rolf wurde aus dem Wagen geschleudert, und ich mußte besinnungslos daraus geborgen werden. Ich habe es dann drei Tage später in der Klinik erfahren, konnte es einfach nicht glauben, daß es wahr sein sollte. Man meint ja in solchen Momenten, die Welt müsse stillstehen, das Leben um einen herum dürfe nicht mehr weitergehen.

Die Beisetzung, an der ich unbedingt teilnehmen wollte – das war damals auch meine einzige Bitte gewesen – erfolgte sechs Wochen später, nachdem ich aus der Klinik entlassen worden war. Insgeheim hatte ich aber den Wunsch, daß ich es nicht schaffen würde, daß auch ich gehen dürfte. Vielleicht hat mich nur der Gedanke noch aufrechterhalten, Rolf auf seinem letzten Wege begleiten zu müssen. Danach war alles unwesentlich für mich geworden. Ja, meine Gedanken waren zeitweise so verwirrt, daß ich glaubte, ich müsse ihm freiwillig folgen, um damit meine Liebe zu ihm zu dokumentieren; daß ich kein Recht auf Leben mehr hatte, wo er doch so früh hat gehen müssen.

Überhaupt hatte ich in den ersten Monaten nach seinem Tode die absurdesten Vorstellungen. Eine uns befreundete Pianistin bewahrte die Urne ihrer Mutter in einem Herrgottswinkel in ihrer Wohnstube auf. Sie war ihr in den Nachkriegswirren aus Eger nach München zugeschickt worden, und sie hatte sie damals nicht zum Friedhof getragen. Früher fand ich das absonderlich, aber jetzt, wo Rolf nicht mehr lebte, ertappte ich mich bei dem Gedanken, die Urne mit seiner Asche wieder auszugraben, um wenigstens den Rest seiner leiblichen Existenz für immer bei mir zu haben. Aber als ich mit nahen Freunden darüber gesprochen hatte, ordneten sich meine Gedanken wieder. Heute halte ich es fast schon für einen Frevel, so besessene Ideen weitergesponnen zu haben. Wir sind doch alle dem unbestimmbaren Ablauf zwischen Leben und Tod ausgeliefert und können die Stunde nicht bestimmen, in der wir abgerufen werden.

Ich denke, ein früher Tod kann auch eine Gnade sein. Das meine ich nicht in dem Sinne, daß man lebensmüde geworden ist, sondern eher so, daß es ein Geschenk sein kann, so früh in eine ‚höhere' Existenz eintreten zu können, die für mich das Endziel schlechthin ist. Jedenfalls ist das meine Überzeugung geworden. Sie hat mir schließlich geholfen, mit dem Tod von Rolf fertigzuwerden und mich nicht mehr gegen das Schicksal aufzulehnen.

Ich weiß auch, daß jeder seinen Weg allein gehen und bewältigen muß und glaube, daß unser Leben im großen und ganzen vorgezeichnet ist und wir nur einen kleinen Spielraum haben, es nach unseren eigenen Wünschen zu gestalten.

In den Jahren, in denen ich immer wieder nach einer Antwort gesucht habe, lebte ich ganz zurückgezogen und war innerlich für niemand zu erreichen. Ich hatte mich isoliert. Dadurch haben es meine Familie und meine Freunde nicht leicht mit mir gehabt. Aber die meisten haben so viel Geduld aufgebracht und mir die Treue gehalten, daß ich ihnen sehr dankbar dafür bin. Sie waren einfach immer mal da, um mich abzulenken und aufzuheitern, was ihnen allerdings kaum gelungen ist. Die wenigen aus dem Freundeskreis, die sich zurückgezogen haben, konnte ich ohnehin vergessen. Es waren wohl eher zweckgebundene Beziehungen gewesen.

Rolf hat einmal zu mir gesagt: „... manche Menschen sind schon gestorben, wenn man noch mit ihnen zusammen am Tisch sitzt". An diesen Satz habe ich in manch einer Situation denken müssen, vor allem dann, wenn die Zeit mit faden Gesprächen vertan wurde. Ich habe nach anderen Gesprächen gesucht, die sich mit dem Tod auseinandersetzten, weil ich begreifen wollte, warum Rolf so früh sterben mußte. Aber dafür findet man selten Gesprächspartner. Tod und Sterben, das ist für viele Menschen ein Tabu-Thema. Die einen sind zu jung, andere zu alt, und oft hält man diese letzten Fragen auch für zu entfernt, so daß man sie gar nicht erst anrühren möchte.

Ich habe lange darum gerungen, für mich eine Antwort zu finden. Was habe ich nicht alles zu lesen versucht, um irgendwo eine Antwort darauf zu finden, ob es ein Leben nach dem Tod gibt oder nicht. Gerade dieser Gedanke war für mich so wichtig geworden. Aber – ich habe nirgends eine schlüssige Antwort erhalten. Man muß daran glauben oder nicht – und ich glaube fest daran. Ich bin überzeugt, daß unsere geistige Existenz weitergeht, in welcher Form auch immer. Ja, ich kann mir sogar vorstellen, daß man sich im jenseitigen Leben auf irgendeine Art wiederbegegnet, und dieses Bewußtsein vermittelt mir viel Kraft und Hoffnung.

In den ersten zwei Jahren bin ich viel durch die Welt gereist, um auf andere Gedanken zu kommen. Aber man kann nicht vor sich davonlaufen. Ich habe es dann auch doppelt schmerzlich empfunden, daß ich die vielen Eindrücke nicht mehr an Rolf weitergeben konnte. Also schrieb ich ihm Briefe, die er ja nie mehr lesen konnte – aber es hat mich erleichtert. Es hat den Gefühlsstau in mir abgebaut und mir gleichzeitig immer wieder bewußt gemacht, daß es ja diese tiefe Liebesbeziehung zwischen uns, dieses absolute ‚Ja' zum andern, wirklich gegeben hatte. Für mich ist es bis heute das kostbarste Geschenk meines Lebens geblieben.

Mein gesundheitlicher Zustand war miserabel, obwohl es keine bleibenden organischen Schäden nach dem Unfall gegeben hat. Auch die finanzielle Situation war hoffnungslos. Einen Anspruch auf Hinterbliebenenversorgung gab es für mich nicht, dazu war Rolf nicht lange genug im Beruf gewesen, und Ersparnisse oder Lebensversicherungen hatten wir nicht. Am Anfang haben mich meine Eltern unterstützt. Als ich zu reisen anfing, habe ich hier und da gejobbt – sowas kennt man ja aus dem Studentenleben –, um etwas Geld zu verdienen. Ich lebte buchstäblich von einem Tag zum anderen ... irgendwie würde ich mich schon über Wasser halten ... und Gedanken an die Zukunft hatten keine Bedeutung mehr für mich. Sicher hätte ich unsere Wohnung nicht halten können, wenn meine Eltern nicht dafür gesorgt hätten. Sie waren wunderbar in dieser Zeit! Ich bin auch sehr dankbar, daß ich sie noch habe ...

Das Umherreisen war für mich eine Art Ablenkung, doch es brachte mir keine Hilfe. Mein psychischer Zustand hatte sich nicht wesentlich verbessert. Ich war von einer Todessehnsucht befallen, die ich nur schwer steuern konnte, allerdings habe ich keine Selbsttötungsgedanken gehabt. Trotz starker Depressionen, trotz eines rapiden Gewichtsverlustes von zehn, zwölf Kilogramm hielt ich immer wieder durch. Was hätte ich damals darum gegeben, nicht mehr weiterleben zu müssen ... aber meine Lebensuhr war offensichtlich noch nicht abgelaufen. Ich glaube, diese Empfindungen kann nur der tatsächlich nachfühlen, der Ähnliches einmal erlebt hat.

Damals gab es für mich außer mir keinen Menschen, der einen so starken Verlust zu erleiden hatte wie ich, was natürlich eine maßlos egozentrische Einstellung ist; aber das erkennt man erst, wenn man wieder Boden unter den Füßen hat. Als frisch Betroffene fehlt einem der dafür nötige Abstand.

In vielen Gesprächen mit anderen Witwen habe ich dann langsam eingesehen, daß jeder seinen eigenen Schmerz als einzigartig erlebt, und – wie ich heute meine – auch einen Anspruch darauf hat. Mit der Zeit ist mein Schmerz stiller geworden, und ich habe ein neues Grundvertrauen zurückgewonnen, daß auch meine Traurigkeit, die mich von Zeit zu Zeit immer noch überfällt, eines Tages aufhören wird.

Mein Mann ist eingeäschert worden; das war in seiner Familie so üblich. Viele haben gerade damit Probleme, aber für mich war das keine Schwierigkeit. Im Gegenteil: Ich verbinde mit einer Verbrennung die Vorstellung von etwas Reinigendem, Befreiendem ... etwa in dem Sinne, wie Bernhard Shaw seine Gefühle bei der Einäscherung seiner Mutter beschreibt.

Ich halte es ohnehin für unwesentlich, auf welche Weise unser Körper zerfällt. Er ist für mich der Raum, in dem sich unsere Seele zeitlich begrenzt aufhält. Ich glaube fest daran, daß sie nach dem Tode weiterexistieren wird; daß es für uns eben nicht alles ist, was wir auf dieser Erde erleben.

Irgendwann nach Ablauf des zweiten Trauerjahres entwickelte sich eine lose Beziehung zu einem Freund meines Mannes, der geschieden war. Es tat mir wohl, daß er sich um mich kümmerte, daß er mich umwarb. Dadurch fühlte ich mich als Frau neu angenommen und auch aufgewertet. Ich konnte sogar seine Gefühle bis zu einem gewissen Grade erwidern. In Wirklichkeit aber habe ich nicht ihn gemeint, sondern Rolf wiederzufinden versucht, und das konnte kein Boden für eine neue Beziehung sein. Wir haben offen darüber gesprochen und damit unsere Freundschaft erhalten. Auch er ist im Jahr darauf plötzlich an einem Herzinfarkt gestorben, und ich fühlte mich vom Schicksal für meine innere Treue belohnt und vor einem weiteren Verlust bewahrt.

Die ersten Monate nach dem Tod meines Mannes waren auch deshalb so schlimm für mich, weil ich zusätzlich unter ständigen Angstzuständen litt. Da haben auch keine Beruhigungstabletten geholfen. Ich hatte immer das Gefühl, es müsse noch etwas Schreckliches passieren, dabei konnte es doch nichts Schlimmeres für mich geben, als meinen Mann verloren zu haben. Sicher war das eine Nachwirkung auf den Unfallschock, und dieses Trauma hat sich erst langsam wieder aufgelöst.

Irgendwann hatte sich meine Lethargie verändert und es entwickelte sich eine gewisse Distanz zu dem ganzen Geschehen. Nach etwa zwei Jahren war ich dann auch so weit, daß ich mich um eine berufliche Tätigkeit bemüht habe, und ich fand ziemlich bald eine Stelle in der Öffentlichkeitsarbeit einer Bildungsinstitution. Das ging alles wider Erwarten gut, und irgendwie habe ich das als Ausgleich für mein Schicksal empfunden.

Von da an ging es auch ständig bergauf. Oft war ich ganz einfach gerührt, wenn man mir einen unerwarteten Liebesdienst erwies oder einen warmherzigen Blick zuwarf. Man wird ja so dankbar für jedwede Zuwendung, wohl auch, weil man sie nicht mehr durch den geliebten Mann bekommt, und so sehr vermißt.

Ich habe auch von anderen gehört, daß sie anders empfänglich und empfindlich geworden sind für alles, was das Herz berührt. Mein ganzer Gefühlsbereich hatte sich ohnehin stark verändert. Ich war viel verletzlicher geworden als früher, war stiller und ernster, als mich meine Freunde und Bekannten erlebt hatten, und hatte eine Überempfindlichkeit für alles, was laut war, entwickelt. Bis heute haben sich von all diesen Veränderungen Restzustände erhalten, aber das gehört wohl auch zu dem ganzen Prozeß dazu.

Am Anfang konnte ich es absolut nicht ertragen, auf den Tod meines Mannes angesprochen zu werden. Das bedeutete ja, daß er wirklich nicht mehr lebte. Auch Bilder habe ich nicht aufstellen können. Später, als ich so gerne über ihn gesprochen hätte, haben es meine Verwandten und Freunde nicht mehr gewagt ... und das fehlte mir noch mehr.

Ich glaube, da gibt es überhaupt kein Rezept. Jeder reagiert so, wie es sein Gefühlszustand zuläßt, und oft ist das wohl auch ein Weg für ihn, der für die Bewältigung seiner Trauer richtig ist. Für mich war mein Weg der einzig gangbare, und deshalb kann ich mir auch keinerlei Vorwürfe machen.

Das Schweigen über meinen Mann habe ich deshalb so schmerzlich empfunden, weil ich mir einbildete, daß Rolf im Bewußtsein der anderen endgültig gestorben sei, daß sein Bild bei ihnen schon ausgelöscht war. Ich weiß, daß ich damit vielen unrecht tue, aber ich habe nicht mehr die Kraft aufgebracht, über meine Betroffenheit mit ihnen zu sprechen. Nur ein Freund hat mir einmal erklärt, wie seine Zurückhaltung zustande gekommen ist.

Lange Zeit habe ich keine Musik hören können. Ich selbst habe mich aber wieder öfter ans Klavier gesetzt, um meine Gefühle auszudrücken, und das hat mir geholfen.

Seit dem Tod meines Mannes lebe ich nur in der Gegenwart,

eher rückwärtsgerichtet. Ich plane nicht für die Zukunft, es kann ja alles in Sekunden ausgelöscht sein. Für den, der zurückbleibt, geht das Leben weiter, und dieses unbedingte ‚Weiter' kann so hart sein!

Bei aller Traurigkeit aber empfinde ich soviel Dankbarkeit für die wenigen glücklichen Jahre, die uns geschenkt waren, und die mein Leben entscheidend mitgeprägt haben.

Wer weiß, vielleicht habe ich noch ein langes Leben vor mir, das ich ja bestehen muß. In meinem Alter ist die Wahrscheinlichkeit größer, als wenn ich am Ende meines Lebens stehen würde. Ich glaube aber, daß ich heute soviel Kraft in mir habe, es bestehen zu können.

Eine neue Bindung wird es für mich nach meiner jetzigen Einstellung nicht mehr geben. Unsere Liebe soll einmalig bleiben, und mit jeder neuen Beziehung würde das Bild von Rolf auf die Seite geschoben werden. Ich möchte es aber so lebendig wie möglich erhalten und habe inzwischen gelernt, ohne lähmende Traurigkeit mit der Erinnerung an ihn weiterzuleben.

Ich bin bitter geworden, auch zu meinen Kindern

Uta W.

Vor der Ehe ist Uta als Stenotypistin tätig gewesen, mit 23 Jahren hat sie geheiratet; sie hat drei Kinder. Ihr Mann war Regierungsdirektor, starb mit 58 Jahren nach schwerer Krankheit an einem Gehirntumor. Uta, mit 51 Jahren verwitwet, lebt seit eineinhalb Jahren allein und arbeitet halbtags in einer Stadtbibliothek.

Wir haben uns sehr jung kennengelernt, mein Mann und ich. Wir arbeiteten damals beide in der Bezirksregierung. Mein Mann fing dort sein Berufsleben an, und ich war im selben Haus als Stenotypistin tätig. In der Abteilung Volksbildung war ich zwei Juristen zugeteilt und hatte eine sehr interessante Arbeit. Mit 23 – mein Mann war sechseinhalb Jahre älter – habe ich geheiratet, und damit war mein Berufsleben besiegelt, so glaubte ich.

Schon bald nach der Heirat kam unser erster Sohn, und wir waren mit unserer Situation ganz zufrieden. Beruflich lief bei meinem Mann alles recht gut, er bekam eine Stellung beim Innenministerium, wo er zuletzt noch zum Regierungsdirektor befördert worden war. Zeitweise mußten wir eine Wochenendehe führen, weil mein Mann versetzt worden war. Kurz darauf kam auch das zweite, dann das dritte Kind, und damit war ich restlos ausgefüllt. Ich fand es sehr schön, eine Familie zu haben und war auch eine hundertprozentige Hausfrau.

Eines hatten wir nicht gelernt, das war ‚Eltern sein', und diese Aufgabe war nicht so leicht zu bewältigen. Für mich gab es sehr viel Arbeit im Haushalt, so daß ich mich nicht in dem Maße meinen Kindern widmen konnte, wie ich das heute sicher tun würde. Als ich älter wurde, habe ich oft gesagt, daß ich so vieles anders gemacht hätte, aber ich war damals mit drei Kindern ganz einfach überfordert. Wir haben zwar auch viel über Erziehung gelesen, aber diese Dinge würde ich heute viel intensiver tun und den Haushalt Haushalt sein lassen. Wir haben unseren Kindern immer einen großen Freiraum gewährt, Schwierigkeiten sind trotzdem entstanden. Sicher hat es damals auch Anzeichen dafür gegeben, doch die sieht man ja manches Mal nicht, weil man zu wenig darüber weiß.

Durch den Tod meines Mannes hat sich in der Beziehung wenig verändert. Wenn ich aber heute meine Kinder darum bitte, auf meine Gefühle Rücksicht zu nehmen, dann kommen schon mal Bemerkungen, daß es in unserer Familie ja auch viel Ärger gegeben hatte, und ich spüre dabei, daß meine Kinder meinen, meine Traurigkeit sei gar nicht berechtigt, so daß ich ja eigentlich gar nicht leiden könne. Das tut mir sehr weh, und das sagt ausgerechnet der Sohn, der während der ganzen Krankheit nicht mehr zu Hause gewohnt hat und die Anfälle meines Mannes nicht miterleben mußte.

Meine Tochter, sie ist die Jüngste, hat den Anfang der Krankheit noch miterlebt, ist aber dann als Au pair-Mädchen nach Amerika geflüchtet, weil sie das Leiden ihres Vaters nicht mehr mitansehen konnte. Mein ältester Sohn, der damals gerade in Amerika war, ist zurückgekommen, als der Vater erkrankte, und wohnte auch zu Hause. Wir drei haben viel gemeinsam erlebt. Deswegen sind wir auch heute noch eine Gemeinschaft, und der andere Sohn steht etwas außen vor und kann vieles nicht nachvollziehen.

Die Söhne haben den Tod ihres Vaters sehr gefaßt aufgenommen. Während der Krankheit war der zweite Sohn nur hin und wieder zu Besuch gekommen, aber das eigentliche Leiden hat er weniger mitansehen müssen.

Zur Beerdigung ist meine Tochter aus Amerika nach Hause gekommen, total aufgelöst. Auch auf dem Friedhof während der Beisetzung war sie sehr erschüttert. Meine beiden Söhne dagegen waren ganz stark, auch bei der Trauerfeier in der Kirche. Ich selbst stand bei der Beerdigung unter Einwirkung von Medikamenten, so daß ich alles ruhig über mich habe ergehen lassen. Ich weiß gar nicht, wie ich das gemacht habe. Die Trauergäste wunderten sich, wie gefaßt ich war, aber sie ahnten nicht, wie es in mir aussah.

Ich habe nicht den Eindruck, daß es bei meinen Kindern eine unterschiedlich starke Vaterbindung gegeben hat. Wir haben uns auch immer bemüht, unsere Liebe gleichmäßig zu verteilen. Aber das kann ja trotzdem von den Kindern ganz anders wahrgenommen werden.

Die Krankheit meines Mannes begann ganz unerwartet. Irgendwann hatte er eines abends Ausfallerscheinungen, es traten halbseitige Lähmungen auf. Er sagte zwar Wochen vorher schon, ich weiß nicht, was mit mir los ist, ich kann mich im Büro nicht mehr konzentrieren ...

Er war gerade zum Regierungsdirektor befördert worden, und das war als Aufstiegsbeamter eine Auszeichnung, über die wir uns alle sehr gefreut haben. Dadurch bedingt wurde er in die Provinz versetzt, und die Fahrerei muß wohl sehr belastend für ihn gewesen sein, so daß wir die Konzentrationsschwäche zunächst darauf zurückführten. Er hatte aber nie über die Belastung geklagt. Als die Ausfallerscheinungen auftraten, mußte ich den Notarzt rufen. Gott sei Dank kam dann ein Neurologe, der gleich die richtige Diagnose gestellt und ihn sofort in die Klinik eingewiesen hat.

Mein Mann war damals gerade 58 Jahre. Während der ersten 14 Tage in der Klinik wurden zunächst alle notwendigen Untersuchungen gemacht, und mir fiel auf, daß er täglich zusehends verfiel. Er konnte nichts mehr im Gedächtnis behalten, war total desorientiert, und auch die Lähmungen nahmen zu. Später hat er dann überhaupt nicht mehr sprechen können, so daß wir uns mit Zeichen verständigen mußten. Es handelte sich bei ihm um mehrere Gehirntumore im Stammhirn, die nicht operiert werden konnten, so daß bestrahlt werden mußte. Er konnte zu Hause bleiben, und alle drei Wochen – ich konnte mir das schon ausrechnen – kamen diese schrecklichen Krampfzustände ... und dann war bei uns Panik. Da gab es keine medikamentöse Hilfe, wir mußten nur abwarten, bis sich der Krampf wieder löste.

Die Bestrahlungen schlugen einfach nicht an, und wir konnten ihm immer nur zusprechen, ‚du mußt Geduld haben', damit er noch Hoffnung hatte. Ohne diese Hoffnung hätte man das alles gar nicht durchhalten können. Die Gedanken an den Tod waren vielleicht unterschwellig da, aber daß uns der Tod bereits so nahe war, ahnten wir nicht. Der Professor hat immer gesagt, zwei bis fünf Jahre kann es dauern, und diese Zeit hatte ich mir eigentlich immer gegeben. Ich dachte, wenn es so bleibt, daß wir noch mit dem Stock, eingehakt, in der näheren Umgebung spazierengehen können, dann ist es noch gut ...

Wir haben uns immer mit Zeichensprache verständigt, weil mein Mann ja nicht mehr sprechen konnte. Er gab Laute von sich, und ich habe nur geredet. Ich war so euphorisch, als wenn ich unter Morphium stünde ... Ich hab, nur geredet und ihm durch mein Reden Unterhaltung und Abwechslung geben wollen. Deshalb habe ich auch meinen Beruf, den ich inzwischen angenommen hatte, nicht aufgegeben, denn ich mußte ganz einfach etwas haben, was ich ihm erzählen konnte. Ich weiß nicht, das würde ich gewiß heute anders machen, aber ich bin dadurch auch geflohen; ich bin vor der schrecklichen Krankheit geflohen.

Eigentlich war ich ja in der Ehe nicht mehr berufstätig gewesen, doch als meine Tochter neun Jahre alt war und mich nicht mehr so brauchte, habe ich eine halbtägige Arbeit in der Bücherei angenommen. Damals hatte ich plötzlich einen großen Freiraum, den ich wahrgenommen habe, um etwas unabhängiger zu sein, denn mein Mann war ein sehr sparsamer Mensch. Auf der einen Seite war die Berufstätigkeit jetzt in der Krankheit eine Belastung für mich, weil ich ihn ja vier Stunden allein lassen mußte, aber ich konnte alles so vorbereiten, daß er gut damit zurechtkam. In den ersten Monaten ging das auch alles reibungslos, so daß ich mir keine Vorwürfe machen mußte, aber später ...

Ich hätte mich beurlauben lassen, wenn ich gewußt hätte, wie kurz die Zeit war, die uns noch blieb. Ich dachte ja, fünf Jahre bleibt das so und da mußte ich etwas haben, wo ich meine Batterie auftanken konnte. Ich mußte nach draußen gehen, sonst wäre ich erdrückt worden ... also ich hätte Schaden genommen und er damit auch.

Diese zehn Monate Krankheit waren für mich so unendlich bedrückend! Es kam ja keiner mehr zu uns, kein Freund, niemand ... die waren alle schockiert von der Krankheit. Die Menschen sind ja unfähig, wie ich heute weiß, mit dieser Situation umgehen zu können. Vor allem seine besten Freunde aus der Kindheit, die von der Krankheit wußten, haben sich bis zum Sterbetag nicht einmal mehr gemeldet; nicht per Brief und nicht per Telefon. Mein Mann hat viele Tränen darüber geweint.

Ich habe diese Freundschaften dann nach dem Tod meines Mannes auch gänzlich verloren. In der Trauerzeit hatte ich trotzdem viele Menschen an meiner Seite, aber das waren alles Menschen, die ich mir erobert hatte, kein einziger unserer gemeinsamen Freunde. Das ist für mich so seltsam, und ich denke oft darüber nach. Diese menschliche Enttäuschung ist sehr schmerzlich gewesen, auch für meinen Mann, für den der Tag immer sehr lang war. Gute Gespräche mit Freunden hätten ihm in seiner Leidenszeit eine große Hilfe sein können. Selbst lesen konnte er ja auch nicht mehr! Ich habe ihm täglich die Zeitung vorgelesen, doch dabei war er so maßlos, daß ich oft nicht mehr sprechen konnte, weil mir die Gesichtsmuskulatur zu weh tat ... deshalb habe ich ihm oft auch aus der Bücherei Literatur-Kassetten mitgebracht. Das hat ihm sehr gefallen.

Es hätte mir geholfen, wenn mir die Ärzte etwas mehr darüber gesagt hätten, wie ich mit der Krankheit hätte umgehen können. Man steht dem Geschehen ja so hilflos gegenüber – und so mußte ich alles mühsam ausprobieren.

Auf der letzten Fahrt mit ihm in die Klinik – die Kinder hatten mich da ja auch schon allein gelassen – war ich ganz verzweifelt. Das alles hat mich bitter werden lassen, auch zu meinen Kindern ... Das ist schlimm für mich, weil ich ihre Hilfe so brauche.

Irgendwann habe ich versucht, ihnen gegenüber meine Gefühle auszudrücken, doch das berührte sie kaum. Ich glaube, vor allem der eine Sohn von mir, der damals nicht zu Hause war, versteht gar nicht, was ich sagen will.

Meine Kinder haben mich zeitweise wohl auch so erlebt, als ob ich Abstand zu meinem Mann genommen hätte. Das war in gewissem Sinne auch der Fall und dafür gab es auch einen Grund. Es hatte sich eine vorübergehende Beziehung zu einer anderen Frau entwickelt, wovon die Kinder aber nichts wußten. Ich denke mir, daß sie daher vielleicht meine Trauer nicht ganz verstehen können. Ich weiß nicht, ob ich das richtig analysiere, aber ich muß nach den Gründen suchen, um meine Lebenssituation zu verstehen. Ich schaffe es dann besser. Ich muß einfach für alles, was auf mich zukommt, eine Erklärung finden, warum das so ist.

Meine Tochter wohnt noch zu Hause, will aber ausziehen. Wir sind ganz gut miteinander ausgekommen, doch sie glaubt, daß unser Verhältnis durch die Distanz nur besser werden wird.

Besonders schmerzhaft war für mich, daß meine Kinder kurz nach dem Tod meines Mannes über Weihnachten nicht bei mir waren. Da wurde mir schrecklich bewußt, daß ich ja nun ganz allein bin. Die Abwesenheit der Kinder war etwas, was ich verstandesmäßig nicht nachvollziehen konnte ... Ich denke, das muß nicht sein. Aber da muß ich allein durch. Ich wünsche mir nur, daß ich gesund bleibe und daß die Kraft, die noch in mir ist, dafür ausreicht.

Mein ältester Sohn kommt etwa so alle vierzehn Tage vorbei, er ist so ein lieber ‚Kümmerer', und das tut mir sehr wohl. Die Kinder sprechen über ihren Vater überhaupt nicht mehr. Es geht auch keiner mit mir zum Friedhof ... ich kenne den Grund nicht.

Vielleicht bin ich in dem Jahr nach dem Tod meines Mannes zu aktiv gewesen. Man ertränkt ja damit etwas. Ich habe regelrecht rotiert, habe alles mitgemacht, VHS, Kurzreisen und und und ... nur um mich abzulenken. Mir wurde auch eine Kur bewilligt, und dort habe ich zwei Bekanntschaften gemacht. Ein Mann, der mich auch besucht hat, ist auch Witwer geworden. Der hatte sich wohl Hoffnungen auf eine Beziehung gemacht, aber das wäre nicht möglich gewesen. Ich habe eben alles angenommen, wie gesagt, und mir nichts dabei gedacht.

Aus jedem Zusammentreffen mit anderen picke ich mir etwas Positives heraus. Ich bin nicht so, daß ich mich vergrabe mit meinen Sorgen. Ich kann auch darüber sprechen, und ich habe viele Menschen, die mir auch zuhören können, zum Beispiel auch meine Kolleginnen, die mir sehr geholfen haben.

Ich war immer frei in meiner Arbeitseinteilung, und sie konnten auch verstehen, wenn ich mal nicht kam. Das war mir vor allem während der Krankheit eine große Erleichterung. Insbesondere die Leiterin hatte viel Einfühlungsvermögen, weil sie ihren Mann auch verloren hatte. Ich konnte mich nach dem Tod auch dort ausweinen, was sehr wichtig für mich wurde.

Was mir wirklich Kummer macht, sind all die besagten Freunde, auch die, die wir als Paar in unserem engsten Kreis erlebt hatten. Sie haben bis heute noch nicht einmal an meiner Tür geklingelt. Ich stelle fest, daß ich viel schneller verletzt bin als früher. Ich weiß heute, daß ich viel Zeit und Geduld aufbringen würde, wenn in meinem Bekanntenkreis so etwas passiert wie bei mir. Hier in der Nachbarschaft gibt es eine Frau, die einmal geschieden und einmal verwitwet ist und ganz gefestigt ihren Weg geht. Sie ist sich selbst genug. Ich bewundere das, aber ich möchte so nicht leben. Ich brauche die Menschen! Ich möchte Menschen um mich haben, denn ich brauche sie unwahrscheinlich dringend. Ich genieße auch mal das Alleinsein, doch das kann ich nicht lange ertragen.

Diese Nachbarin ist eigentlich immer für mich präsent, und wenn es nur ein Gruß auf einem Zettel ist, der durchs Fenster geschoben wird. Sie beobachtet, ob ich da bin oder nicht und macht sich Gedanken – und das ist unwahrscheinlich wohltuend. Das ist etwas, was eigentlich Freunde, wie ich meine, leisten müßten.

Ich bin ja im letzten Jahr sehr aktiv gewesen. In diesem Jahr ist das ganz anders geworden. Meine Aktivitäten haben mir aber neue Kontakte gebracht, alles Kontakte zu Frauen. Wir haben uns so verständigt, daß man sich gegenseitig auf etwas aufmerksam macht, zum Beispiel auf Kulturprogramme, gemeinsame Kurzreisen und ähnliches. Keiner geht ja gerne alleine aus und sucht also Verstärkung. Anregungen geben, das kann ich weniger gut, denn ich bin eher passiv. Ich öffne mich erst, wenn ein anderer ein Zeichen setzt, weil ich sehr schnell übersensibel reagiere. Vielleicht liegt das daran, daß ich weitere Verletzungen nicht mehr zulassen möchte. Aber ich denke, das ist schon besser geworden. Man kann so etwas ja auch trainieren. Ich habe eigentlich immer etwas unter Minderwertigkeitsgefühlen gelitten, war immer die Frau des Regierungsdirektors ... doch das wird langsam besser.

Meine Kinder haben mich ganz anders erlebt, aber ich empfinde mich eher hilflos und schwach. Ich denke, ich überspiele – vor allem auch jetzt – meine Gefühle ganz schön, damit meine Kinder neben dem Verlust des Vaters nicht ständig eine depressive Mutter zu Hause sehen.

Als mein Mann starb, hat mich der Gedanke, „Oh Gott, wie geht es weiter", sehr gequält. Im ersten Jahr habe ich ja durch die Unruhe alles verdrängt. Aber jetzt bricht der Kummer durch – und vor allem die Angst vor dem, was noch alles kommt. Es sind die Sorgen von morgen, die mich bedrücken.

Das Schwerste für mich, was mir auch heute noch sehr zu schaffen macht, ist die Erinnerung an diesen Leidensweg meines Mannes. Vielleicht auch dadurch verstärkt, daß wir beide ahnten, wir haben nur noch eine kurze Zeit für uns.

Unsere Ehe hatte sich gerade erneuert, und wir hatten so viele Hoffnungen damit verbunden. Schlimm war, daß wir uns nicht mehr verständigen konnten, wo es doch eigentlich so viel zu reden gegeben hätte. Mein Mann hat ja keinen Wunsch mehr äußern und nichts mehr mit mir absprechen können. Nicht einmal schreiben konnte er mehr aufgrund der Lähmungserscheinungen. Wir haben ihn wie ein Kind behandeln müssen.

Er hat zum Schluß morgens beim Frühstück viel geweint. Er wollte mich das nicht sehen lassen, aber bei meinem ältesten Sohn hat es immer wieder diese Weinkrämpfe gegeben. Bei mir war es ihm wohl gelungen, sich zusammenzunehmen, was er ja gar nicht sollte. In den Zusammenbrüchen kam dann seine ganze Hoffnungslosigkeit durch.

Zu Anfang war noch eine Gehirnoperation durchgeführt worden, obschon man sich nichts davon versprach. Das alles war grausam, vor allem die Besuche danach in der Klinik.

Über den Tod haben wir nie gesprochen, mein Mann und ich. Sein Tod war aber sicher eine Erlösung für ihn. Ich bin in der letzten Zeit oft rausgelaufen, spazierengegangen; ich konnte den Anblick dieses Menschen, der so entstellt war und so leiden mußte, nicht mehr ertragen. Unterschwellig habe ich mir gewünscht: „Wenn's doch zu Ende ginge." Aber vorher, als wir noch nach draußen gehen konnten, habe ich immer gedacht, wenn es so bleibt, ist alles gut; er ist ja noch da.

Dieser ganze Verlauf seiner Krankheit ist noch so in mir, daß ich an nichts anderes denken kann. Ich träume auch noch häufig von ihm, spreche dann mit ihm über alle möglichen Dinge ... Angst habe ich, daß diese Krankheit mal bei einem meiner Kinder ausbrechen könnte, und auch mein Ältester hat diese Sorge einmal geäußert. Ich fürchte mich auch davor, daß mir einmal so etwas passieren, kann. Was dann? Wer hilft mir dann?

Meiner Tochter sage ich immer, wenn sie Pläne schmiedet, die sie wieder für Jahre ins Ausland bringen werden: „Richte deine Augen nach vorn, guck nicht zurück.“ Dabei wüßte ich sie so gern in meiner Nähe, doch ich schaff' es nicht, ihr das zu sagen. – Bei meiner Traurigkeit hilft mir ein bestimmtes Gefühl der Hoffnung. Am Glauben zweifle ich, da hab' ich einiges mit „ihm“ abzurechnen. Aber irgendwie bin ich naiv gläubig.

Ich kann mich noch über Kleinigkeiten freuen, Begebenheiten am Tage, die mich berühren, sind Streicheleinheiten für mich, die ich genieße. Das sind manchmal nur ein paar Worte oder ein lieber Blick ...

Wie sich mein Leben weiter gestalten wird, kann ich noch nicht sagen. Ich spiele natürlich einige Möglichkeiten in Gedanken durch. Demnächst werde ich nun erstmal Großmutter, worüber ich mich sehr freue. Ob das für mich mal eine neue Aufgabe wird, weiß ich nicht, aber ich bin offen dafür.

Ich wünsche mir allerdings auch wieder einen lieben Freund. Ich möchte gerne einen Gefährten an meiner Seite haben, denn ich bin ja jetzt ausschließlich mit Frauen zusammen. Ich möchte auch gerne wieder in gemischte Gesellschaften gehen.

Vor der Krankheit hatten wir auch schon ein schweres Jahr, aber das hat unsere Ehe letztendlich gerettet und mich sehr nach vorne gebracht. Da hat sich unsere Beziehung sehr vertieft. Vielleicht ist deshalb auch die Sehnsucht nach einer neuen Verbindung da, weil wir unsere Ehe nicht mehr haben ausleben können. Wenn ich aber allein bleiben sollte, muß ich auch das annehmen. Ich muß sehen, daß mein Tag wieder sinnvoll wird, nicht nur durch meine berufliche Tätigkeit. So eine Bibliothek ist ja eine Stätte der Kommunikation, und mich erschreckt es immer wieder, wie viele Menschen dorthin kommen, nur um ihre Einsamkeit zu überwinden. So bedürftig möchte ich mich nicht geben müssen. Es würde mir auch helfen, wenn unsere alten Freunde, die alle noch als Paare leben, mich einfach mal wieder zu einer Wanderung oder zu einer Feierlichkeit einladen würden. Dann fühlt man sich nicht so ausgeschlossen vom gewohnten Lebenskreis.

Die Krankheit und auch den Tod empfinde ich als schwere Bestrafung für etwas, was nüchtern betrachtet in keinem Verhältnis dazu steht.

Mein Mann, der sein ganzes Leben immer äußerst korrekt gelebt hat und stets für seine Familie dagewesen ist, wurde auf diese schreckliche Weise für seinen damaligen ‚Fehltritt' bestraft. Das läßt mich mit dem Glauben hadern. Er wurde krank durch den großen Kummer, daß er mich so verletzt hatte. Heute sehe ich das ganz anders: Ich frage mich immer wieder, wieweit ich die Schuld an seinem Kummer trage, und das macht mir große Probleme. Früher haben mein Mann und ich einmal sehr um das Leben eines Kindes kämpfen müssen – und das Beten hat geholfen. Und jetzt diese Bestrafung! Das hat mich gegen Gott aufgebracht und diese Gefühle sind noch unverändert in mir.

Mein Mann ist zu Hause gestorben. In den letzten Tagen war das sehr schwer, ich war auch am Ende meiner Kraft, habe nachts Oropax in die Ohren gestopft, weil ich nicht mehr anhören konnte, wie schwer ihm das Atmen geworden war.

In der letzten Nacht dann habe ich es vom Nebenzimmer aus gespürt, als es so weit war, ich habe gefühlt, daß der Tod bei uns stand …

Ich bin dann zu meinem Mann gegangen, konnte nichts denken, nichts empfinden und nichts tun, stand nur da wie gelähmt. Später erst habe ich den Hausarzt angerufen. Diese letzte Erfahrung kann ich kaum beschreiben … ich habe sie auch bis heute nicht vergessen können.

Ich denke, ich werde in meinem Haus einiges verändern müssen. Vor allem diese dunklen Farben hier bedrücken mich sehr, und ich würde mir wünschen, daß meine Traurigkeit und Verletzlichkeit nicht zu lange anhält.

Alles, was mir einmal lieb war, ging weg

Ute W.

Mit 22 Jahren geheiratet, eine Tochter und drei Söhne. Ihr zwei Jahre älterer Mann war leitender Ingenieur, ist viel im Ausland unterwegs gewesen und starb mit 48 Jahren nach langer Krankheit an Darmkrebs.
Ute wollte ursprünglich noch eine Ausbildung als Krankengymnastin machen; sie war damals Sekretärin bei einem Wirtschaftsprüfer und gab ihren Beruf auf, weil sie ihrem Mann ins Ausland folgte. Sie hatten sich vorgenommen, gemeinsam viele Reisen zu machen, sobald die Kinder erwachsen wären. Ute lebt seit fünfeinhalb Jahren allein, arbeitet seit neun Jahren ehrenamtlich im Besuchsdienst ihrer Gemeinde und gibt nach einer Ausbildung jetzt Kurse in heilpädagogischem Tanz.

Seit dem Tod meines Mannes fühle ich mich als Einzelkämpferin. Ich denke, ich muß das übernehmen, was der Part meines Mannes war. Ich habe oft Schwierigkeiten damit, weil ich für alles zuständig bin, und ich merke auch häufig, daß mich die Verantwortung drückt. Ich würde so gerne mal abgeben – aber ich weiß nicht, an wen.

In der ersten Zeit war alles ganz schrecklich. Manchmal, wenn ich nachts allein im Bett lag und die Gedanken nicht zur Ruhe kamen, fühlte ich mich unendlich verloren. Im Laufe der Jahre, in denen ich nun allein bin, hat sich das etwas geändert, aber ich würde mir nach wie vor jemanden wünschen, der die Sorgen mit mir teilt, wie das früher mit meinem Mann gewesen ist. Vor allem die Gedanken an meine Kinder, wie es beruflich weitergeht und so, machen mir zu schaffen.

Am Abend vor dem Tod meines Mannes war meine Tochter gerade von einem Sprachaufenthalt aus San Francisco gekommen. Wir hatten sie benachrichtigt, weil es meinem Mann so schlecht ging. Als sie sich etwas ausgeruht hatte, wollte sie noch zu ihrem Vater ins Krankenhaus fahren, aber wir haben es dann doch nicht getan. An dem Tag hatte er sich etwas besser gefühlt als in den Tagen zuvor ... dann ist er nachts ganz unerwartet gestorben. Ich bin morgens früh noch mit den Kindern ins Krankenhaus gefahren, um meinen Mann anzusehen. Ich fand das auch für die Kinder ganz wichtig, daß sie ihren Vater tot sahen.

Ja, das erste, was mir auffiel: Die Seele ist weg, und das war für mich ganz tröstlich. Vorher hatte ich mir nie Gedanken gemacht, wo die Seele bleibt. Ich hab' später mal im Anschluß an einen Vortrag gehört, die Esoteriker glauben, daß die Seele eine halbe Stunde nach dem Tod den Körper verläßt. Als mein

Vater starb, war ich während des Sterbens dabei und konnte diese Beobachtung nicht machen. Und dann war ich erschrocken, wie kalt ein Toter ist. Das ist für mich ein Maßstab geworden. Ein Stein ist noch warm dagegen. Ich kann mich noch genau erinnern, daß mein Sohn damals sagte: „Papa sieht aber friedlich aus."

Später habe ich meine Tochter gefragt, ob sie es schlimm gefunden hat, daß sie ihren Vater nicht mehr lebend gesehen hat, und sie hat mir geantwortet: „Ich mußte Papa noch tot sehen, sonst hätte ich es nicht glauben können. Wenn ich ihn aber lebend gesehen hätte, dann hätte ich so geweint, und er hätte gemerkt, wie schlimm es um ihn stand."

Die Krankheit hat insgesamt drei Jahre gedauert. Fünf Monate vor seinem Tod wurde er noch erfolgreich an einem Gehirntumor operiert. Als dann aber Lungenmetastasen dazu kamen, ging es ganz schnell bergab. Während seiner Krankheit habe ich manchmal gedacht, es sei einfacher zu sterben, als mit vier Kindern allein gelassen zu werden. Ich konnte erst wieder kämpfen, als ich merkte, mein Mann schafft es absolut nicht.

Zum Schluß wurde er plötzlich von einem Tag auf den anderen geistig verwirrt, und wir konnten nichts mehr gemeinsam entscheiden. Das war wahnsinnig schlimm.

Während der Krankheit war er zwischendurch immer wieder zu Hause und ging seinem Beruf nach. Große Schwierigkeiten hatte ich nach seiner ersten Operation mit den Ärzten. Sein Internist sagte ihm auf seine Frage, die Therapie sei erfolgreich gewesen. Mir erklärte er, daß hier die Medizin am Ende sei und mein Mann keine Chancen mehr habe. Seine Lebenschancen wurden eingeschätzt auf eine Zeit von sieben Monaten bis zwei Jahren. Das war ein großer Schock für mich. Mit so etwas kann man fast nicht leben. Diese Zeitbegrenzung ist so quälend, jede Entscheidung wird daran gemessen.

Mein Mann hat dann noch drei Jahre gelebt, und da kam

zwischendurch immer wieder Hoffnung auf. Ich kann nicht sagen, ob es besser gewesen wäre, die Prognose nicht erfahren zu haben. Ich weiß jetzt, daß ich ohne Wahrheit nicht und mit der Wahrheit nur schwer leben konnte. Mir hat große Angst gemacht, daß mein Mann dachte, er sei wieder gesund, weil ich meinte, daß nun nicht mehr genug getan würde. Auch der Hausarzt hatte sich geweigert, meinem Mann die volle Wahrheit zu sagen. Mir wollte er ein Beruhigungsmittel geben. Schließlich habe ich es meinem Mann selbst gesagt, weil ich nicht für den Rest unseres gemeinsamen Lebens unehrlich mit meinem Mann sein konnte und weil ich dachte, daß man vom christlichen Glauben her ein Recht darauf hat zu wissen, daß man nicht mehr lange zu leben hat. Mein Mann hat sehr gefaßt reagiert und sich sofort einer Chemotherapie unterzogen. Er hat einfach alles versucht. Auch nach Bestrahlungen, einer zweiten Darmoperation, Leber-Chemotherapien und einer Gehirnoperation hatte er noch Hoffnung. Am Abend nach der letzten Operation hat er alle Freunde angerufen, und dann hat er dem Professor gesagt, er solle allen Patienten die Wahrheit sagen. Vier Monate später ist er dann gestorben.

Ich habe die Hoffnung erst verloren, als die geistige Verwirrung einsetzte. Viele Ärzte haben mich enttäuscht. Am empörendsten fand ich, daß ein Arzt einen Todkranken nicht verabschieden konnte, daß ein Professor nicht die menschliche Qualität besaß, zu einem Sterbenden hinzugehen, obwohl er von ihm als Privatpatient den 3,5-fachen Satz kassierte.

Eigentlich wollten wir meinen Mann zum Sterben nach Hause holen. Dafür mußte ich zu Hause aber erst allerhand vorbereiten – wir mußten zum Beispiel ein Spezialbett für ihn besorgen, uns mit der Sozialstation und seinem Arzt absprechen – und für all das hat die Zeit nicht mehr gereicht.

Am letzten Tag vor seinem Tod war mein Mann noch recht lebhaft und bei klarem Verstand. Als ich nach Hause ging, so gegen 18 Uhr, um meine Tochter in Empfang zu nehmen, die ja aus Amerika gekommen war, hat er sich besonders lieb von mir verabschiedet. Ich mußte noch die Telefonnummern von seiner Mutter und von seinem Bruder wählen, und als ich dann zu Hause war, hat er mich nochmals angerufen, was immer seine Art war. Damals habe ich zuerst gedacht, es ging ihm wieder etwas besser, aber das war natürlich Abschiednehmen.

In der ersten schwierigen Zeit haben mir meine Familie und meine Freunde am meisten geholfen. Schwer für mich war, daß mein Mann testamentarisch festgelegt hatte, eingeäschert zu werden. Einmal war mir die Vorstellung nicht sehr angenehm, und man muß ja auch zweimal zu einer Trauerfeier.

Die Urnenbeisetzung haben wir so gemacht, wie mein Mann sich das gewünscht haben könnte. Wir waren nicht in Schwarz gekleidet, sondern so, wie wir sonst gelebt hatten. Ich hab' auch auf meine Kinder keinen Kleiderzwang ausgeübt. Jeder in der Familie mußte ja mit der Trauer fertigwerden, und jeder sollte das so tun, wie er es für richtig hielt.

Für mich war es wichtig, ganz für die Kinder dazusein, weil sie ja auch in einem schwierigen Alter waren. Die Kinder haben sich aber auch gegenseitig sehr geholfen. Ich denke, daß wir alle sehr gut zusammengehalten haben.

Die Trauerfeier habe ich nur mit Beruhigungsmitteln überstanden. Ich habe nie das Gefühl gehabt, ich muß jeden Tag zum Friedhof gehen, wie das viele tun. Heute denke ich manchmal, daß ich meinem Mann zeigen muß, wenn eine Veränderung in der Familie stattgefunden hat. Als zum Beispiel meine kleine Enkeltochter geboren wurde, da bin ich mit ihr zum Friedhof gegangen. Sonst gehe ich auch schon mal dorthin, wenn ich ganz traurig bin. Vielleicht denke ich dabei, ich muß ihm das sagen. Ich habe auch festgestellt, daß man auf dem Friedhof sehr gute Gespräche führen kann, daß man dort mit Menschen über Sachen redet, über die man sonst nicht so schnell spricht. Ich glaube, das kommt daher, daß man dann eine gemeinsame Basis hat. Man weiß, daß sie auch vom Tod betroffen sind, und traut sich, sie anders anzusprechen. Oft reagieren sie auch sehr positiv.

Viele können nach dem Tod nicht über den Verstorbenen sprechen. Ich konnte das. Aber ich hatte mich auch während der Krankheit schon intensiv mit diesem Thema beschäftigt. Ich denke auch, durch eine Krankheit wird man langsam darauf vorbereitet. Mein Mann ist jetzt fünfeinhalb Jahre tot. Ich habe bis heute nichts in meiner Wohnung verändern können. Fotos von ihm zu sehen, konnte ich ganz lange nicht ertragen – und die letzten Urlaubsbilder habe ich bis jetzt nicht eingeklebt. Das tat mir zu weh, weil es eben unsere letzte gemeinsame Reise war. Ich mache ja auch Besuche in der Gemeinde und merke, daß das ganz unterschiedlich ist. Manche haben sofort ein Bild aufgestellt und andere können es überhaupt nicht.

Grauenvoll war für mich, als ich das Büro in der Firma auflösen mußte. So vieles, was auch mir etwas bedeutete, in eine Kiste zu packen ... Und als dann der Nachfolger kam und mir eines Tages vorgestellt wurde – das war auch furchtbar! „Seine Firma" gehörte dann aber nicht mehr zu meinem Lebenskreis, und ich habe mich auch zurückgezogen.

Meine Freunde sind ungefähr zwei Jahre meine Freunde geblieben. Dann wurden sie ungeduldig, weil ich nicht mehr so war wie früher, und das hat mich sehr traurig gemacht.

Über die Krankheit meines Mannes und auch über die Beerdigung und die Zeit danach habe ich Tagebuch geführt. Nach seinem Tod habe ich gedacht, das war alles so schlimm, daß ich's vergessen muß, wenn ich weiterleben will. Auf der anderen Seite aber war es ja ein Stück von meinem Leben, das ich gar nicht vergessen kann oder will und über das ich auch meinen Kindern berichten können muß. So konnte ich die traurigen Erfahrungen abrufen, wenn ich sie abrufen wollte, sonst aber konnte ich sie vergessen. Das hat mir sehr geholfen.

In meinem Leben hat sich alles verändert. Alles! Ich habe meinen Mann verloren, habe seine Arbeit verloren. Wir haben immer sehr viele Geschäftsfreunde zu Hause gehabt, und manchmal bin ich auch mit auf Geschäftsreisen gewesen, denn seine Firma war wie eine große Familie. Die Kinder gingen nach und nach aus dem Haus, und alles, was mir einmal lieb und wert war, ging weg. Ich steh' jetzt ganz allein da. Irgendwann merkte ich, daß ich zwar meine alten Freunde hatte, aber auch auf der Suche nach etwas Neuem war. Früher, als mein Mann noch lebte, hatte ich schon ehrenamtlich in der Gemeinde gearbeitet, und das werde ich auch weitermachen.

Ungefähr ein Jahr nach seinem Tod habe ich an einem Frauenseminar teilgenommen, das ungefähr über drei Monate ging, und ich habe dort die Erkenntnis gewonnen, daß mir Lernen wieder Spaß macht. Über kleine Schritte, Sprach- und Kommunikationskurse zum Beispiel, habe ich Mut gewonnen, etwas zu unternehmen, und schließlich eine Ausbildung in heilpädagogischem Tanz gemacht. Nach dem Examen war ich dann erst einmal erschöpft, aber es hat Freude gemacht und mich vorangebracht. Jetzt gebe ich meinen ersten Kurs an der Volkshochschule.

Was mir auch am Herzen liegt sind Gesprächskreise, die sich mit Trauerarbeit beschäftigen. Ich habe eventuell noch vor, eine Ausbildung in Trauerarbeit zu machen.

Ganz besonders fehlt mir der Mensch mit seiner Liebe, seiner Anerkennung. Ich erlebe mich heute anders als Frau, weil mir die Zuwendung fehlt.

Sehr schwer war es mir am Anfang, wenn ich fort war und nach Hause kam. Da hab' ich immer gedacht, da freut sich ja keiner mehr auf dich. Auch abends, wenn man gefeiert hat oder bei Freunden war, alleine nach Hause gehen zu müssen ... Man kann nichts erzählen, weil keiner da ist.

Manchmal, wenn ich etwas besonders Schönes oder Trauriges erlebt habe, schreibe ich das in mein Tagebuch. Das hilft mir, und ich möchte es auch festhalten. Das Haus verlassen kann ich leichter, aber ich freue mich nicht mehr auf zu Hause, wenn ich auf Reisen bin. Ich habe gerade ein Trauerseminar mitgemacht und weiß seitdem, daß ich in meinem Hause was verändern muß. Ich denke, ich muß auch vom Ehebett Abschied nehmen. Nun sind ja auch die Kinder fort, und dadurch hat sich nochmals viel verändert. Ich werde auch ihre Zimmer so einrichten, daß ich mich darin wohlfühlen kann. Erinnerungen wachhalten ist gut, aber es muß auch mal aufhören, und man darf nicht nur in der Vergangenheit leben.

Damals, nach dem Tod meines Mannes, hatte ich keine Freude mehr daran, weiterzuleben. Mein eigener Tod ist mir immer gegenwärtig, und seitdem mein Mann nicht mehr lebt, habe ich auch keine Angst davor, weil ich das Gefühl habe, daß jemand auf mich wartet. Aber dann gab es irgendwann ein Schlüsselerlebnis, das mich aufgeweckt hat. Ich mußte in der Gemeinde einer türkischen Familie helfen, die geflohen war. Auf der Flucht war ein Kind erschossen worden, und sie besaßen nichts mehr. Wir haben in der Gemeinde Suppe gekocht, Geschirr gesammelt und uns um diese Menschen gekümmert. Da hab' ich gedacht, du darfst dich nicht in deine eigene Trauer vergraben, du mußt was tun. Ich glaube, daß man schon eine Aufgabe hat, nur ist es schwer zu erkennen, welche Aufgabe das sein könnte.

Ich bin oft ungeduldig und möchte meinen Weg klar erkennen können. Nach fünfeinhalb Jahren Alleinsein weiß ich immer noch nicht richtig, wo's langgeht. Zunächst werde ich einmal im Besucherkreis weiterarbeiten und Kurse machen. Dann möchte ich mich noch in Gesprächsführung weiterbilden, und ich nehme auch Gitarrenunterricht.

Ich werde vorerst in meinem Haus bleiben, auch wenn es leer geworden ist. Ich kann nicht alles auf einmal aufgeben. Hier sind auch viele Freunde, der Tennisverein und so ... Ich mag nicht wieder bei Null anfangen. Außerdem gibt es da auch noch meine vier erwachsenen Kinder, drei Schwiegerkinder und zwei Enkelkinder, die ich liebe und mit denen ich wieder staunen lerne.

Wenn ich zurückschaue, habe ich nicht das Gefühl, etwas versäumt zu haben, etwas nachholen zu müssen. Ich bin glücklich gewesen und habe auch die Zeit nicht bereut, in der ich zu Hause geblieben bin und für meine Kinder da sein konnte. Ich hatte zwar viel um die Ohren, aber es hat mir so viel Freude gemacht.

Ich würde anderen Menschen, die in meiner Situation sind, am Anfang überhaupt keinen Ratschlag geben, sondern nur zuhören. Es heißt: Abschied nehmen. Man nimmt ja auch etwas für sich beim Abschied-Nehmen. Man erfährt zum Beispiel, was ein Lächeln bedeuten kann. Ich habe seitdem versucht, jeden neuen Tag bewußt zu leben und meine Wünsche nach Möglichkeit zu verwirklichen, denn es kann ja eventuell alles sehr schnell verloren sein. Ich habe mir auch vorgenommen, jeden Tag den Menschen, die ich mag, meine Zuneigung zu zeigen, weil es vielleicht schon morgen zu spät sein kann.

Ich habe auch gelernt, wie wichtig und sicher mein Gefühl ist. Wenn ich sonst eine Entscheidung zu treffen hatte, habe ich das meistens mit dem Kopf entschieden. Heute lasse ich im Zweifel mein Gefühl entscheiden.

Für mich war es damals wichtig zu versuchen, daß jeder neue Tag gut wird. Um Ideen und Mut für den Tag habe ich jeden Morgen gebetet und tue es noch heute. Ich habe das vorausschauende Planen verlernt, vielleicht aus der Erfahrung, daß so vieles anders gekommen ist, als man es sich gewünscht hat. Manchmal, wenn ich mich zu Hause so allein fühlte, hab' ich mich selbst überlistet und mir geistige Anregungen durch

Rundfunksendungen oder ähnliches geholt. Dann konnte ich nicht unentwegt grübeln. Außerdem fühlte ich mich dann nicht so mutterseelenallein, wenn ich zum Beispiel am Frühstückstisch saß.

Es hat mir sehr geholfen, wenn ich mit Freunden zusammen sein konnte! Auch der Chor war mir eine große Hilfe; anderthalb Stunden sich konzentrieren zu müssen und nicht zu grübeln ... ich hatte das Gefühl, ich war dann etwas entspannter.

Besonders schmerzlich sind mir immer die nichtalltäglichen Ereignisse in der Familie gewesen: das Abitur meiner Kinder oder auch jetzt wieder die Hochzeit meines Sohnes. Man fühlt sich dann so im Stich gelassen.

Mit dem Schlafen hatte ich keine großen Probleme. Es gab damals eine hormonelle Insuffizienz, und ich hatte auch mit Herzbeschwerden zu tun, aber das hat sich wieder eingerenkt. Heute nehme ich die Wärmflasche mit ins Bett, wenn es kalt ist, weil ich nicht mehr gewärmt werde.

Eine neue Partnerschaft könnte ich mir schon vorstellen. Aber wenn man einen guten Mann gehabt hat, ist es schwierig, einen neuen Partner zu finden. Ich bin sicher anspruchsvoll, weil ich weiß, was ich gehabt habe. Ich vergleiche immer noch, und das ist einem neuen Partner gegenüber ungerecht. Ich kann heute Männern gegenüber freier sein, mit Sexualität etwas großzügiger umgehen. Männer begegnen mir anders, seit ich allein bin. Sie werden mutiger, wohl weil sie keine Rücksicht mehr auf den Ehemann nehmen müssen oder weil man ‚frei' ist, wenn auch nicht gerade Freiwild. Sie probieren es einfach mal, und die Ehefrauen reagieren sehr schnell eifersüchtig.

Andere Trauerfälle habe ich unterschiedlich erlebt. Am Anfang konnte ich nur ganz schwer an Beerdigungen teilnehmen. In Leichenhallen konnte ich überhaupt nicht gehen.

Heute geht das etwas besser, aber ich vermeide es, so gut es geht.

Manchmal – bei alten Menschen – fange ich an zu rechnen und denke, „der ist eine Generation älter geworden als dein Mann." Und dann denke ich, daß manche alten Menschen gar nicht mehr leben wollen und die Menschen, die mitten im Leben standen und noch so viele Aufgaben hatten, die mußten gehen. Das finde ich sehr ungerecht. Dann bin ich manchmal sogar wütend – auch heute noch. Auch bei Ehepaaren geht mir das so, vor allem wenn sie sich nicht vertragen können, sich nicht verstehen. Ich habe beobachtet, daß viele Menschen, die jung starben, schon eine erstaunliche Reife hatten, so als ob ihr Leben schon abgeschlossen war.

Es hat mir lange zu schaffen gemacht, daß ich damals nicht bei meinem Mann war, als er starb. Dann hat mir ein Seelsorger geholfen, damit fertigzuwerden. Er meinte, wenn mein Mann nicht mehr mit mir spricht – im Traum oder so – dann ist er in Frieden gestorben. Später auf einem Seminar ‚Sprache der Sterbenden' habe ich gehört, daß es Menschen gibt, die nur allein sterben können und wollen. Ich könnte mir vorstellen, daß mein Mann zu diesen Menschen gehörte, weil er mich nicht so mutlos zurücklassen wollte. Ich hatte ja auch gesehen, wie friedlich er dagelegen hatte, und das half mir.

Ich bin immer wieder zu Vorträgen und auf Seminaren gewesen, die sich mit dem Sterben befaßt haben, und habe viele Bücher zu diesem Thema gelesen, die mir Wichtiges vermittelt haben. Besonders hilfreich war mir der Rat, daß man in der Trauer den Weg gehen muß, den man in sich fühlt, auch wenn man bei anderen aneckt.

Irgendwann ist mir deutlich bewußt geworden, daß ich schon viel Schönes erlebt und viel Liebe erfahren habe, wofür ich dankbar sein muß und was ich auch weitergeben kann. Ich bin nie gedemütigt worden, wie manche Frau das in einer unglücklichen Ehe erlebt. Ich sehe ja auch an meinen Kindern, was das alles bewirkt hat.

Ich denke, daß die Toten uns auch weiter beeinflussen. Ich bemerke auch heute noch, daß ich mich in schwierigen und unschlüssigen Fragen immer wieder frage, was mein Mann wohl dazu sagen würde. Wir waren 24 Jahre verheiratet, und diese Jahre haben mich auch nachhaltig geformt.

Gemeinsam alt zu werden, das fand ich immer schön

Irmgard M.

Mit 21 Jahren hat Irmgard geheiratet. Sie hat eine Tochter. Ihr Mann führte eine Bau- und Möbeltischlerei. Er starb nach 18jähriger Ehe mit 47 Jahren an akutem Herzschlag. Irmgard war vor ihrer Ehe im Büro tätig und arbeitete nach der Heirat im Betrieb ihres Mannes mit. Nach seinem Tod wurde der Betrieb aus finanziellen Gründen aufgelöst. Nach einer entsprechenden Ausbildung war sie als Mannequin tätig. Sie lebte zehn Jahre allein und hat sich erst jetzt wieder für eine feste Partnerschaft entschieden.

Als mein Mann starb, er starb ja von einer Minute zur anderen an einem akuten Herzschlag, stand ich mit meiner sechzehnjährigen Tochter ganz allein da und mußte den Betrieb meines Mannes weiterführen. Somit hatte ich also erst einmal sehr, sehr viel zu tun. Ich hab' dann zunächst die wichtigsten Aufträge erledigt und danach alles so langsam auslaufen lassen. Für alle Angestellten mußten neue Arbeitsstellen gesucht werden, und dabei gab es natürlich viele Schwierigkeiten. Mein Mann hatte eine Bau- und Möbeltischlerei, ich habe im Büro mitgearbeitet, so daß mir alles Gott sei Dank nicht so ganz fremd war.

Er war 47 Jahre alt, als er starb, und vorher hatte es keinerlei Anzeichen für eine Erkrankung gegeben. Vier Wochen vor seinem Tod hatte er noch eine Routineuntersuchung beim Arzt durchführen lassen, der ihn als kerngesund bezeichnete.

Sein Tod kam wirklich wie aus heiterem Himmel. Ich fand ihn morgens im Bad und habe zuerst unter Schock gestanden, glaubte auch nicht, daß er schon tot war. So mitten aus dem Leben – da kann man keine Fragen mehr stellen ... da steht man plötzlich mit der ganzen Verantwortung allein.

Ich hatte zwei Jahre damit zu tun, alles abzuwickeln. Es gab viel Ärger, viele Enttäuschungen und auch großen geschäftlichen Verlust. Das alles war schon sehr schlimm!

Auf der anderen Seite war es auch sehr gut, weil ich durch diese viele Arbeit gar nicht zum Nachdenken kam und nicht über mein Leid grübeln konnte. Ich war oft bis in die Nacht hinein im Büro, und morgens um 6.00 Uhr mußten die Leute schon auf die Baustellen gebracht werden. Die viele Arbeit hat mich buchstäblich abgelenkt. Außerdem habe ich mir auch viel Zeit für meine Tochter genommen, die mich noch sehr brauchte.

Meine Tochter hat den Tod meines Mannes, glaube ich, recht gut verarbeitet. Dazu hat sicher auch beigetragen, daß wir offen über alles gesprochen haben. Bei uns ist wirklich nicht eine Frage im Raum stehen geblieben. Ich habe auch schwierige Dinge mit ihr geteilt, ich dachte, mit sechzehn versteht sie das schon, und auch für mich war es so, als ob sie eine Freundin sei.

Trotz des großen Bekanntenkreises und der Hilfe, die mir angeboten wurde, war in Wirklichkeit keiner richtig für uns da. Mein Mann starb im November, und es kam die Weihnachtszeit – es ist keiner zu uns gekommen. Dagegen hat uns ein Ehepaar, mit dem wir gar nicht gerechnet hatten, Weihnachten besucht. Selbst die Verwandtschaft hat sich in der Zeit nicht gemeldet. Wir konnten uns das gar nicht erklären, und ich habe mich manchmal gefragt, was ich wohl falsch gemacht haben könnte. Später haben die Verwandten als Entschuldigung zu mir gesagt, daß sie mich nicht hätten stören wollen, weil ich ja so viel Arbeit gehabt habe.

Ich habe damals ganz den Kontakt abgebrochen. Heute, nach vielen Jahren, findet wieder eine Annäherung statt, was meine Tochter gar nicht verstehen kann. Sie hat nämlich stark darunter gelitten, daß sich niemand um uns gekümmert hat. Ich denke, zu Anfang haben sie den Zeitpunkt verpaßt, und später war es ihnen wohl peinlich, daß sie uns nicht zur Seite gestanden haben. Ich glaube auch, daß jeder zunächst einmal an sich denkt, und darüber leicht vergißt, daß andere Hilfe brauchen könnten.

Von Anfang an habe ich immer mit anderen über meinen Mann reden können. Ich brauchte es auch sehr. Dadurch lebte er in meiner Erinnerung weiter, so wie er war, so fröhlich ... Ich hatte das Gefühl, daß er während dieser Gespräche mitten unter uns war; er war dann nicht einfach ganz weg ...

Als ich meinen Mann damals im Badezimmer fand, habe ich fest geglaubt, daß er noch leben müßte. Erst als der Rettungswagen da war und nichts mehr getan werden konnte, habe ich mich zu meinem Mann gesetzt und hab' nur gedacht, jetzt mußt du ganz klar bleiben im Kopf und das Nötigste im Betrieb veranlassen. Die Leute mußten es ja erfahren, und es mußte alles weitergehen. An dem Tage selbst aber hat keiner gearbeitet, sie waren alle wie gelähmt.

Wenn ich heute darüber nachdenke, bin ich ganz ruhig gewesen. Ich habe nur unheimliche Angstgefühle gehabt, die mir zu schaffen machten. Trotzdem bin ich aber nicht aus der Wohnung ausgezogen, weil ich wußte, ich muß da bleiben, wo ich mit meinem Mann gelebt habe. Es ist mir zuerst auch schwer gefallen, das Bad wieder zu betreten, weil ich ihn da immer so gesehen habe, wie ich ihn gefunden hatte – und das ist auch heute nach zehn Jahren noch manchmal so. Aber heute bekomme ich keinen Schreck mehr, weil er auch so friedlich dasaß. Von Anfang an habe ich mir immer wieder gesagt, du mußt hier leben, und du kannst dich jetzt nicht verkriechen. Ich habe auch sofort alle seine Sachen aus dem Bad entfernt. Das klingt vielleicht ein wenig hart, aber ich mußte es tun. Ich denke, das mußte geschehen, weil das Erinnerungen sind, die mich immer wieder zum Grübeln gebracht hatten. Ich wollte wohl alle Spuren beseitigen, ohne daß ich sagen könnte, warum das so sein mußte.

Als ich am Morgen, als mein Mann starb, aufwachte und schlaftrunken nach ihm suchte, habe ich einen eigenartigen Schreck bekommen, weil er nicht im Bett war. Später habe ich auch darüber nachgedacht, ob ich vielleicht noch etwas hätte tun können, daß er möglicherweise gerufen hat oder so … aber richtige Probleme hat mir das nicht gemacht.

Ich bin so veranlagt, daß ich mir bei schwierigen Situationen immer sage, daß ich das, was geschehen ist, nicht ändern kann, und daß ich das beste daraus machen muß. Das erleichtert mir so manches im Leben, daß ich so denken kann. Und so war es auch in diesem Fall. So schwer das für mich war, ich hab' mir immer wieder gesagt: „Reiß dich zusammen". Manchmal überkommt es einen ja und dann meint man, man bricht zusammen; da hat man einfach keine Kraft mehr. Ich hatte auch solche Stunden, da war es ganz leer in meinem Kopf, aber ich habe immer wieder zu mir gesagt: „reiß dich zusammen, du mußt ja ..." und dann ging es auch wieder.

Ich war nie verzweifelt, obwohl es viele Schwierigkeiten gegeben hat, vor allem im Betrieb. Aber ich habe natürlich auch viel geweint. Meine Tochter und ich haben auch zusammen geweint, aber wenn ich merkte, daß sie unter meiner Traurigkeit litt, dann habe ich für mich allein geweint, um sie nicht so sehr zu belasten. Man muß ja losweinen können, die Tränen zurückhalten befreit einen nicht. So stark, wie ich nach außen gewirkt habe, so viel Tränen habe ich im Stillen geweint.

Besonders schmerzlich habe ich darauf reagiert, wenn ich Ehepaare zusammen gesehen habe. Da war eine Gemeinschaft, die es bei uns nicht mehr gab – und das tat ja doch sehr weh. Ich war jetzt tatsächlich ganz allein ... unser großer Bekanntenkreis hatte sich langsam immer mehr zurückgezogen. Es gab manchmal Kaffeekränzchen, ja, aber wenn Ehepaare eingeladen wurden, war ich nicht mehr dabei. Das konnte ich gar nicht verstehen. Vielleicht hat man befürchtet, daß ich mich auf ein Verhältnis mit anderen Männern einlassen könnte – aber das ist mir total unverständlich, daß man so denken kann.

Wir waren 18 Jahre verheiratet, haben uns mit 18 Jahren verlobt und mit 21 geheiratet. Vorher war ich im Büro tätig gewesen, und als wir heirateten, hat mein Mann den Betrieb seiner Eltern übernommen, in dem ich ja mitgearbeitet habe.

Zu Beginn unserer Ehe sind wir auch zusammen in Urlaub gefahren. Später meinte mein Mann, er könne den Betrieb nicht verlassen, dann bin ich mit meiner Tochter allein verreist, was mir auch viel Freude gemacht hat. Mein Mann hat den Urlaub nicht vermißt, aber irgendwann meinte er dann doch, daß er an seine Gesundheit denken und auch mal eine Kur einreichen müsse. Das hat er dann auch getan, aber dazu ist er leider nicht mehr gekommen. Wir hatten hin und wieder schon Kurzreisen zusammen gemacht, so daß ich eigentlich auch nicht bedauere, daß wir so wenig zusammen in Urlaub waren.

Nach dem Tod meines Mannes mochte ich seltsamerweise nicht mehr allein fortfahren. Da hatte sich plötzlich so viel verändert, da gab es so ein leeres Gefühl in mir ... Früher wußte ich, da wartet jemand auf dich, wenn du nach Hause kommst, aber jetzt fühlte ich mich nirgendwo mehr aufgehoben, konnte mich auch anderen gegenüber nicht mehr unbeschwert geben.

Insgesamt bin ich ruhiger geworden und zurückhaltender, auch viel ernster als früher; nicht mehr so unbeschwert. Heute denke ich schon mal, daß wir beide etwas mehr Zeit füreinander hätten haben können. Der Betrieb stand doch immer im Mittelpunkt, und darüber hinaus gab es wenig Zeit für uns ganz persönlich. Gemeinsame Freizeit ist uns kaum geblieben, nur sonntags war Familientag.

Es gab am Anfang meines Alleinseins viele Belästigungen durch Männer, auch häßliche Anrufe nachts. Ich glaube, das alles hat mich sehr geprägt, und dadurch verschließt man sich, da will man nichts mehr mit Männern zu tun haben. Ich fühlte mich plötzlich in meinem Hause nicht mehr sicher ..., auch nicht mehr sicher, wenn ich mit Männern allein war.

Das hat so ungefähr ein Jahr gedauert, bis man merkte, daß ich auf nichts einging, und dann ließ das auch nach. Ich konnte und wollte mich auf nichts einlassen und mußte keinen Mann haben, nur weil ich allein war. Ich habe mir auch immer gesagt, daß sich keine Beziehung in unserem Bekanntenkreis entwickeln könnte. Das wollte ich auch meinen Freundinnen gegenüber nicht. Ich kann es immer noch nicht verstehen, daß bei einer alleinstehenden Frau gleich angenommen wird, daß man es da mal versuchen kann ... Ich hatte absolut nicht das Bedürfnis, mich sofort wieder auf einen Mann einzulassen, ich bin auch lange Zeit gar nicht allein weggegangen.

Als die geschäftlichen Dinge abgewickelt waren, habe ich mich um neue freundschaftliche Kontakte bemüht, weil ich zu unseren alten Freunden und Bekannten auch immer mehr Abstand bekommen hatte. Ich wollte auch nicht mehr im Büro tätig sein, denn ich mußte mit Menschen zu tun haben. Mit Menschen zusammen zu sein, hatte mir immer Spaß gemacht.

Irgendwann ergab sich eine Möglichkeit, bei einer Pelzfirma als Messehilfe zu arbeiten. Das war zuerst eine große Umstellung für mich, aber es war wichtig, nette Menschen um mich zu haben. Durch diese Tätigkeit lernte ich dann eine Dame kennen, die eine Mannequin-Schule leitete und mich nach einer entsprechenden Ausbildung auch auf Modeschauen einsetzte. Das hat mir viel Freude gemacht, aber inzwischen kann ich das nicht mehr, weil ich meine kranke Mutter betreuen muß. Vielleicht ergibt sich später wieder mal eine Gelegenheit dazu. Jetzt bin ich mit der Pflege ausgefüllt, und außerdem hat sich eine neue Partnerschaft entwickelt, die ich vorbehaltlos bejahe.

Meine Tochter und ich haben uns nach dem Tod meines Mannes sehr eng zusammengeschlossen. Ich habe ihr allerdings immer gesagt, daß für sie alles in gewohnter Weise weitergehen muß. Sie sollte sich nicht durch meine Trauer belastet fühlen. Ich konnte auch gut allein sein und wollte meine Tochter deshalb nicht zu sehr an mich binden, weil sie sich frei entwickeln sollte.

Der Anfang meiner neuen Partnerschaft war für sie schwierig. Ich wurde sehr umsorgt, und das fand sie übertrieben. Es störte sie, daß mein Freund ständig bei uns war, wohl auch, weil sie Angst hatte, mich zu verlieren. Daraufhin habe ich mit ihr immer sehr lange Gespräche geführt und ihr auch klar gemacht, daß sich meine Beziehung zu ihr nie verändern würde, daß sie für mich das Liebste auf der Welt ist und auch bleiben wird. Das war sehr wichtig für sie.

Meine Tochter geht nie zum Friedhof, auch mit mir nicht. In der ersten Zeit war sie mal dort, aber später konnte sie es nicht mehr, weil es ihr dort immer aufs Neue bewußt wurde, daß sie nun keinen Vater mehr hatte.

Ich habe mich nie gefragt, warum gerade mein Mann gehen mußte. Ich denke, wenn jemand so plötzlich stirbt, dann ist das so bestimmt. Ich habe den Tod meines Mannes angenommen. Ich habe mir gesagt: Es ist einfach passiert, und du mußt mit dem Tod fertig werden; du kannst jetzt nicht nur jammern, sondern du mußt es annehmen. Der Tod war ja für mich persönlich unabwendbar, es sollte so geschehen. Aber es mußte auch weitergehen, das Leben. Es war mir wichtig, meiner Tochter zu vermitteln, daß sie niemals im Leben den Kopf verlieren dürfe; daß alles weiterläuft, daß das Leben ja sehr schön ist und man nie aufgeben darf.

Ich denke, daß das Leben nach dem Tode weitergeht. Ich denke auch, daß mein Mann noch vieles miterlebt von dem, was wir machen. In der ersten Zeit habe ich auch am Grab immer offen mit ihm über meine Probleme gesprochen und war überzeugt, daß er das hört. Oder wenn ich eine Sache zu bewältigen hatte, habe ich ihn um Hilfe gebeten – und es ist meist auch gut geworden. Ich habe oft auch um Hilfe gebetet, obschon ich keine Kirchgängerin bin. Ich mache das in meiner Wohnung, ganz privat und allein. Ich bin auch der Überzeugung, daß ich einen Beistand habe, eine Art Schutzengel vielleicht. Das ist ganz eigenartig, auch in lebensbedrohlichen Situationen hab' ich das gespürt. Das war schon immer so. Ich bete nicht nur in Notsituationen, sondern auch aus Dankbarkeit. Ich bin auch jeden Tag dankbar dafür, daß wir beide gesund sind, meine Tochter und ich, und daß ich ein schönes Zuhause habe.

Ich habe schon kurz nach dem Tod viel in unserem Haus verändert. Nach einem Jahr wurde das Schlafzimmer umgestellt, weil mich das leere Bett störte. Ich habe auch gleich nach der Beerdigung Verwandten die ganze Garderobe meines Mannes mitgegeben. Ich wollte nicht immer durch Erinnerungen schmerzlich berührt werden. Das machte mich auch in der Wohnung unbeschwerter. Manche sagen, daß sie das nicht hätten machen können, aber für mich war es doch wohl lebenswichtig. Es kam so spontan, daß ich gar nicht erklären kann, warum ich das so gemacht habe. Ich denke, das mußte so sein, um einen neuen Anfang zu finden. In der ersten Zeit habe ich meinen Mann immer noch gehört, bin manchmal an die Tür gegangen und habe nachgeschaut, ob er nicht doch da war. Aber dann habe ich mich wieder zusammengenommen, um nicht von meinem Schmerz überwältigt zu werden.

Heute, wo diese Partnerschaft besteht, überlege ich manchmal schon, was mein Mann dazu sagen würde, weil er auch so ein ganz anderer Typ war. Das war für mich erst eine große Umstellung, denn wir machten nun alles gemeinsam, was ja früher bei meinem Mann nicht so war. Ich war ja viel allein. Trotzdem aber vergleiche ich nicht direkt, und ich mache mir auch keine Vorwürfe.

Lange Zeit hatte ich den Wunsch – bis vor zwei bis drei Jahren noch –, daß ich meinen Mann noch mal sehen möchte. Jetzt ist dieses Bedürfnis nicht mehr so stark.

Ob ich jemals wieder heirate, weiß ich noch nicht endgültig, der Gedanke ist noch sehr fremd für mich, ich könnte mich noch nicht dafür entscheiden ... ich weiß nicht, was mich daran hindert. Manchmal denke ich, daß mir ein anderer Mann im Haus noch Schwierigkeiten macht. Ich meine, daß wir auch so recht gut leben können. Vielleicht will ich meinen Freiraum noch nicht ganz aufgeben und wohl auch das Haus nicht durch einen anderen Mann besetzen lassen. Ich glaube, daß man sich im Alter ohnehin anders verliebt. Heute lege ich auch viel mehr Wert auf Gemeinsamkeiten, weil man sich besser austauschen kann.

So manches Mal habe ich darüber nachgedacht, daß mein Mann ein schönes und erlebnisreiches Leben gehabt hat, obschon er so jung gestorben ist. Er war ein so fröhlicher Mensch und hat sein Leben ganz bewußt gelebt. Viele junge Menschen, die sterben müssen, haben ja wenig Schönes gehabt.

Ich habe auch mit anderen Frauen gesprochen, die wie ich in Trauer waren. Vor allem eine Cousine hat sich immer selbst bedauert, nur von ‚früher' gesprochen und ganz in der Vergangenheit gelebt. Ich habe ihr eines Tages gesagt, daß das alles ja nun vorbei ist und daß es um so schwieriger für sie ist, sich von ihrem Mann zu lösen, je öfter sie von ihm spricht. Sie hat sich immer einsam gefühlt und ihrer Tochter Vorwürfe gemacht, wenn sie fortgegangen ist. Das hat das Verhältnis zwischen Mutter und Tochter stark belastet. Vielleicht habe ich der einen oder anderen Frau mit meinen Einstellungen und Erfahrungen auch eine Hilfestellung geben können. Es ist ja so wichtig, sich gegenseitig auszutauschen.

Wenn ich heute überlege, was sich durch den Tod meines Mannes verändert hat, so muß ich sagen, daß durch die damit verbundene Verantwortung mehr Selbstbewußtsein in mir gewachsen ist. Ich glaube, das kommt dadurch, daß ich viele Dinge entscheiden mußte und daß ich auch durch falsche Entscheidungen gelernt habe. Irgendwo war ich auch stolz, alles aus eigener Kraft geschafft zu haben. Ich kann heute besser mit schwierigen Situationen umgehen als vorher. Ich verzweifle nicht gleich. In solchen Situationen sage ich mir immer wieder, daß ich das auch schaffen kann. Ich denke, selbst wenn eine Frau ein bißchen labil in ihrer Einstellung oder in ihrem Wesen ist, muß sie sich zwingen, auf sich aufzupassen und sich wirklich einen Schubs geben. Ich habe bei einigen

Freundinnen doch festgestellt, daß sie sich ganz schön haben gehenlassen.

Für mich war es wichtig, ohne Hilfsmittel wie Alkohol oder Tabletten auszukommen. Obwohl ich manche Nacht nicht geschlafen habe, wollte ich nicht mit Schlaftabletten anfangen. Ich habe eben keine Schwäche aufkommen lassen und wohl auch die Kraft gehabt, den Verlust durchzustehen. Das betrachte ich heute auch als ein besonderes Geschenk, und ich bin froh, daß ich diese Einstellung habe.

Auch meiner Tochter gegenüber habe ich mich so verhalten können. Als sie dann ihr Studium aufnahm und von zu Hause auszog, war das erst einmal sehr schlimm für uns beide. Wir haben es aber gemeinsam geschafft. Finanziell gab es zwar manche Belastung, aber auch das haben wir gepackt.

Natürlich gab es bei mir mal Einbrüche, Zeiten, in denen ich trauriger war als sonst, aber ich habe mir dann ganz ernst gesagt, daß ich mich nicht in irgendwelchen Depressionen verlieren darf. Mir war in solchen Momenten sehr schnell klar, daß ich Abwechslung haben mußte, um mir über diesen Zustand hinwegzuhelfen – und es ist mir auch gelungen. Überhaupt habe ich mich immer zu beschäftigen versucht, wenn es mir schlecht ging. Meine Tochter hat manchmal unter meiner Stärke gelitten, weil sie gar nicht an mich herankommen konnte.

Ich kann aus eigener Erfahrung nur sagen, daß man sich von der Meinung und Einschätzung anderer lösen muß. Man lebt sein eigenes Leben, muß mit seinen Kindern offen sprechen und sich nicht um das Urteil anderer kümmern. Ich finde es auch wichtig, daß man neue Kontakte knüpft, denn im Grunde genommen fängt man wieder neu an. Man orientiert sich anders, verändert die Beziehungen zum alten Lebenskreis und so weiter.

Dadurch, daß ich allein zurechtkommen mußte, hat sich auch Neues entwickelt, und das wird oft von alten Bekannten als hochnäsig oder so empfunden. Ich denke, man zieht sich selbst zurück, weil man sich nicht mehr zugehörig fühlt, aber alte Bekannte und Freunde distanzieren sich auch, weil sie einen nicht mehr verstehen können.

Es ist so schwer, anderen die eigene Situation zu vermitteln, fast unmöglich, glaube ich. Wenn man sich aber öffnet, dann muß es jemand sein, dem man absolut vertraut. Und das ist ja so selten! Ich bin da oft enttäuscht worden.

Ich wollte schon früh wieder einen neuen Partner finden, wollte nicht allein leben. Die Vorstellung, gemeinsam alt zu werden, fand ich immer schön. Von den Männern, die ich während meines Alleinseins kennengelernt habe, war keiner bereit, wirklich für mich da zu sein, Verantwortung zu übernehmen. Ich muß sagen, daß alle nur ein Erlebnis wollten. Erst jetzt, bei meinem neuen Partner, fühle ich mich wieder aufgehoben. Ich hatte mich vorher beinah schon damit abgefunden, daß ich wohl allein bleiben würde, hatte es dem Schicksal überlassen, wie es weitergehen sollte ... Und dann trat er in mein Leben.

Im ersten Jahr nach dem Tod meines Mannes habe ich keinen Sinn für irgendwelche Freuden gehabt. Ich erinnere mich noch, wie schwer es mir zum Beispiel geworden ist, zu Weihnachten meiner Tochter zuliebe etwas Festliches zu arrangieren. Das hat so viel Kraft gekostet! Auch bei den Leuten im Betrieb ist mir vieles so schwer geworden. Da waren ja Leute, die schon 20 Jahre bei uns waren, und jetzt mußte alles aufgelöst werden. Das Lebenswerk meines Mannes war damit zerschlagen ... Ja, das war schwer, und ich mußte nach außen hin ganz stark sein.

Heute blicke ich dankbar zurück auf das, was uns geblieben ist. Das Schicksal läßt sich ja nicht aufhalten.

In meinem Enkelkind lebt etwas von meinem Mann weiter

Maria K.

Maria hat mit 28 Jahren geheiratet, sie hat eine Tochter und einen Sohn. Vor der Ehe war sie Chefsekretärin und Fremdsprachenkorrespondentin, nach der Heirat aber nicht mehr berufstätig. Ihr Mann, Chemiker in leitender Position, verstarb im 21. Ehejahr mit 56 Jahren an einem Schlaganfall. Maria lebt seit vielen Jahren allein und ist jetzt in der Telefonseelsorge tätig.

Wir waren zwanzig Jahre verheiratet, lebten in einer sehr glücklichen Ehe und fühlten uns in unserem eigenen Hause äußerst wohl. Wenn es so etwas gibt, dann waren wir wie zwei Hälften, die zusammengehören und sich gefunden hatten.

Mein Mann, ein ausgesprochen fröhlicher Mensch, war eigentlich nie ernstlich krank gewesen. Eines Nachts bekam er einen schleichenden Schlaganfall, den wir zunächst gar nicht bemerkten. Am Abend darauf mußte er ins Krankenhaus.

Durch den Schlaganfall war es zu einer einseitigen Gesichtslähmung gekommen, und er konnte nicht mehr verständlich sprechen. Deshalb übten wir jeden Tag fleißig zusammen, und er machte gute Fortschritte. Dennoch lebte ich vierzehn Tage in großer Sorge, da sich der Schlaganfall wiederholen konnte. Als die Ärzte erklärten, die Krise sei vorbei, stieg zwei Stunden später der Blutdruck auf über 300 mm Hg an. Es bestand keine Hoffnung mehr, und am nächsten Morgen ist er dann gestorben. Ich bin die ganze Nacht bei ihm gewesen und war auch da, als er die letzten Atemzüge tat. Die Schwester kam herein, faltete seine Hände und betete. Ich gab ihr ein Zeichen, daß ich mit meinem Mann allein sein wollte. Während ich auf die andere Seite des Bettes ging, um mich zu ihm setzen zu können, hatte sich sein Gesicht so verklärt, daß ich ihn – obwohl ich ja wußte, daß er tot war – ansprach und fragte: „Was siehst du?“ Er konnte nicht mehr antworten.

Dieses Erlebnis hat mir sehr geholfen, seinen Tod anzunehmen. Ich glaube an ein Leben nach dem Tode und bin überzeugt, daß unsere Seelen dort weiter existieren.

Unsere Kinder haben ganz unterschiedlich auf den Tod ihres Vaters reagiert. Meine Tochter war schon im Studium und gerade frisch verliebt, was ihr in der Trauer sicher geholfen hat. Mein Sohn hat sich lange mit Schuldgefühlen geplagt, weil er lange Zeit so wenig Verbindung zu seinem Vater gehabt hatte. Die Beziehung zu mir war stärker.

Heute weiß ich, daß ich ihm die Todesnachricht auch anders hätte mitteilen müssen. Ich habe damals gleich aus dem Krankenhaus angerufen und nur gesagt: „Vati ist gerade gestorben". Das war sicher zu plötzlich für ihn, und er mußte das auch ganz allein verarbeiten. Heute würde ich versuchen, ihm bei dem ersten Schock anders zur Seite zu stehen. Aber ich war zu dem Zeitpunkt selbst erschüttert.

Die Beerdigung wurde sehr schnell durchgeführt, eigentlich ging das alles etwas überstürzt. Das lag wohl daran, daß mein jüngster Bruder gerade bei uns zu Besuch war, der alles in die Hand nahm und nicht länger Zeit hatte. Nach dem Begräbnis bekam ich eine nervöse Herzattacke. Kurz darauf klappte meine Tochter zusammen, die ja nach Hause gekommen war. Nachdem ich mich etwas erholt hatte, wurde mir klar, daß wir Abstand gewinnen mußten. Ich habe dann zuerst meine Tochter wieder an ihren Studienort zurückgefahren und muß ihr damals wohl sogar noch positive Gedanken mitgegeben haben, obschon ich selbst ja eigentlich gar keine Kraft zum Leben hatte.

Kurz darauf bin ich dann mit meinem Sohn in Urlaub geflogen, in die Sonne. Aber das war ganz schrecklich. Trotzdem hat es mir geholfen, denn ich konnte viel allein sein – und das brauchte ich sehr. Ich bin immer am Strand weit hinausgelaufen und habe nur geweint. Ich habe mich aber mit dem Tod auseinandergesetzt. Die Erkenntnis, daß das Leben nur ein Hauch ist im Vergleich zur Ewigkeit, hat mir sehr geholfen, damit fertig zu werden, daß mein Mann so früh sterben mußte.

Zu Anfang bin ich jeden Tag auf den Friedhof gegangen, weil ich dort am besten mit ihm sprechen konnte. In dieser schweren Zeit haben mir meine Freunde sehr zur Seite gestanden.

Sie waren einfach da. Einmal hat man mir ein kleines Kind zur Beaufsichtigung gebracht, um mich abzulenken. Das war damals sehr anstrengend für mich, aber heute weiß ich, daß man mir nur helfen wollte.

Wenn ich in der Kirche gebetet habe, habe ich zum Schluß immer mit meinem Mann gesprochen – überhaupt habe ich viel mit ihm gesprochen. Es war ganz seltsam, aber ich hatte oft den Eindruck, daß er mich besuchte. Einmal stand er direkt an meinem Bett, ein anderes Mal, als ich mit dem Auto unterwegs war, saß er plötzlich neben mir. Es war so, als ob er durch das Fenster hereingestiegen sei und auf dem rechten Sitz neben mir Platz nähme. Ich habe lange mit ihm gesprochen und hinterher hatte ich das Gefühl, daß er sich da von mir verabschiedet hat, denn danach hatte ich diese Gefühle nicht mehr. Das geschah alles unabhängig davon, ob ich an ihn dachte oder nicht. Zu Anfang hat mich seine Nähe fast erdrückt. Ich hab das so empfunden, als ob er sich auf meinen Brustkorb legte, so daß ich kaum Luft holen konnte. Das habe ich manchmal nur schwer ertragen können.

Ich weiß, daß mir mein Mann mit seiner Energie sehr geholfen hat, und ich hatte immer den Eindruck, daß mir die Kraft von der linken Schulter her zufloß. Das einschneidenste Erlebnis habe ich mal an seinem Grab gehabt. Ich hatte wieder einmal lange mit ihm gesprochen und fühlte mich ziemlich ohnmächtig, weil es Probleme mit meinem Sohn gab. Als ich so dastand, traf mich ein regelrechter Energiestrahl durch den ganzen Körper. Ich stand da wie angewurzelt und konnte mich nicht rühren. Das muß ungefähr zwei bis drei Minuten gedauert haben. Der Energiefluß ging wieder von der linken Schulter durch den Körper, bis in die Zehenspitzen des rechten Fußes hinein. Ich wußte in diesem Moment genau, daß diese Kraft von ihm kam. Heute kommt mein Mann nicht mehr zu mir. Ich träume auch nicht von ihm. Überhaupt habe ich kaum von ihm geträumt …

Ich denke, daß die Toten auf einer anderen Stufe leben, die wir noch nicht erreicht haben, und daß sie sich immer mehr von uns entfernen. Ich bin auch überzeugt, daß wir im Jenseits alle weiterarbeiten müssen, um Gott näher zu kommen.

In den ersten Jahren, als ich allein war, bin ich viel in Urlaub gefahren, und ich habe auch mit den Kindern zusammen schöne Reisen gemacht. Heute fahre ich kaum noch weg, weil mir im Urlaub mein Mann am meisten fehlt. Heute bin ich wieder glücklich, weil ich in mir ruhe. Ja, ich ruhe ganz in mir selbst. Richtige Lebensfreude habe ich erst wieder gefunden, als mein erstes Enkelkind geboren wurde. Das war für mich so, als ob da etwas von meinem Mann weitergehen würde. Überhaupt ist es sehr wichtig für mich, wie es meinen Kindern geht. Wenn es ihnen gut geht, geht es mir auch gut.

Meine Trauer dauerte sehr lang. Ich habe immer Schwarz getragen, weil es mich beruhigte. Eines Tages ist meine Tochter hart mit mir ins Gericht gegangen. Sie meinte, daß ihr Leben weiterginge und daß es sie als Kinder zu stark belastete, wenn sie mich immer so traurig sähen. Sie wollten auch, daß ich kein Schwarz mehr trage. Das fiel mir schwer, weil das ja meinem inneren Zustand entsprach, aber ich habe mich überwunden, und das war auch gut so.

Mein Leben hat sich, seit ich allein bin, sehr verändert. Ich bin heute in der Telefonseelsorge tätig, und das gibt mir viel. Angefangen hat das alles schon kurz nach dem Tod meines Mannes, als mich eine Bekannte ansprach, ob ich nicht mitmachen wolle. Ich habe es versucht – und es hat geklappt. Diese Arbeit füllt mich sehr aus, auch wenn sie nicht immer leicht ist. Aber es gibt sehr intensive Weiterbildungsseminare, so daß man nicht allein dasteht. Durch die Ausbildung hat sich auch in mir sehr viel verändert. Ich bin sicher für meine eigenen Gefühle und Handlungen dadurch auch viel sensibler geworden.

Seit meinem Alleinsein habe ich freundschaftliche Beziehungen bewußter gepflegt. Auch der Umgang mit befreundeten Ehepaaren war sehr wichtig für mich, aber er war nicht ganz problemlos. Manche Ehefrauen werden sehr schnell eifersüchtig und melden dann ganz eindeutig ihre Besitzansprüche an. Ich denke immer, daß sie gar nicht wissen, wie einem zumute ist, wenn man ganz allein dasteht. Es ist so schwer, alles allein zu entscheiden! Mir hat dabei oft geholfen, wenn ich mir vorstellte, wie mein Mann entscheiden würde. Das war vor allem im Hinblick auf die Kinder wichtig für mich.

Was mir am meisten fehlt? Die Gemeinsamkeit und die Fröhlichkeit meines Mannes. Ich würde nie wieder heiraten können, weil ich mir das erhalten möchte, was ich zusammen mit meinem Mann erlebt habe, und ich bin mit großer Dankbarkeit erfüllt.

Er wollte immer vor mir sterben

Greta T.

Greta, 69jährig, kam als Flüchtling 1950 nach Westdeutschland und heiratete mit 30 Jahren ihren fünf Jahre älteren Mann. Die Ehe blieb kinderlos. Greta war bis zu ihrer Ehe zuerst als Hausgehilfin, dann als Wirtschafterin tätig und hat auch während ihrer Ehe hin und wieder etwas dazuverdient. Ihr Mann arbeitete als Lagerverwalter in einem Großbetrieb, ging aus gesundheitlichen Gründen mit 60 Jahren in Rente und starb nach 37jähriger Ehe mit 71 Jahren an Herzinfarkt.

Wenn ich zurückdenke, daß mein Mann nun schon ein Jahr tot ist, kann ich das immer noch nicht fassen. Wir hatten beide gehofft, daß wir noch ein paar Jahre zusammensein könnten, und es ging uns gesundheitlich für unser Alter ganz gut. Gerade weil wir manches nicht mehr unternehmen konnten – mein Mann hatte mit seinen Beinen Schwierigkeiten – hatten wir es uns zu Hause besonders schön gemacht. Er liebte unseren Garten sehr und freute sich besonders darüber, wenn alles schön blühte und gut gedieh.

Drei Jahre vor seinem Tod war ihm noch ein neues Hüftgelenk eingesetzt worden, und er kam auch gut zurecht damit. Vor allem aber hatte er diese starken Schmerzen nicht mehr wie vor der Operation.

Man wird ja sehr bescheiden wenn man älter wird ..., es wird alles etwas ruhiger, vieles ist nicht mehr so wichtig wie früher und große Pläne gibt es ohnehin nicht mehr. Dafür wird man aber besonders dankbar für kleine Dinge, die einem Freude machen.

Als mein Mann noch im Beruf war, hatte es oft Probleme am Arbeitsplatz gegeben, und er hat sich immer wieder über die schlechte Atmosphäre dort geärgert. Da war es manchmal schwer für mich, ihn abzulenken. Er konnte sich auch schlecht mitteilen und hat viel in sich hineingefressen, so daß ich schlecht helfen konnte. Aber wir haben doch immer zusammengehalten. Er war sehr schnell zu verletzen, wohl deshalb, weil er sich in der Kindheit immer zurückgesetzt gefühlt hatte. So was stärkt ja das Selbstbewußtsein nicht. Ja, ich habe viel Kraft gebraucht, ihn immer wieder aufzumuntern. Es gab schon oft depressive Phasen bei ihm ..., aber er hat sich immer wieder aufgerappelt.

Richtig zufrieden und ausgeglichen habe ich ihn erst erlebt, als er nicht mehr arbeitete. Er war Frührentner geworden und ist in dieser Zeit ganz und gar aufgeblüht. Eine Zeitlang war er bedrückt, weil er kaum noch sehen konnte, aber dann wurde er am Star operiert und hat sein Augenlicht wiederbekommen. Ich sehe ihn noch heute am Fenster stehen, wie er vor Glück geweint hat, daß er wieder sehen konnte. Er hatte das Gefühl, daß ihm ein neues Leben geschenkt worden war.

Solche Momente vergißt man nicht! Und dann ... ein so plötzliches Ende! Warum?

Der größte Schock ist ja, wenn man die Todesnachricht kriegt. Er war in letzter Minute mit einem Herzinfarkt ins Krankenhaus eingeliefert worden und kam gleich auf die Intensivstation. Fünf Tage lag er dort und muß wohl noch zwei weitere Infarkte bekommen haben. In den fünf Tagen hat er sich ganz unterschiedlich gefühlt: mal war er euphorisch, mal sehr matt und niedergedrückt. Es war ein ständiger Wechsel zwischen Hoch und Tief.

Am letzten Tag, als ich ihn besuchte, fühlte er sich besonders wohl und wir waren beide sehr glücklich, daß der Arzt ihn auf die normale Station verlegen wollte. Das bedeutete für uns, daß er jetzt durch war.

Ich habe mich dann auch wie üblich von ihm verabschiedet und bin nach Hause gegangen. Keiner konnte ja ahnen, wie schnell es zu Ende ging; auch die Ärzte hatten wohl nicht damit gerechnet.

Als dann am selben Abend gegen 22 Uhr die telefonische Nachricht kam, daß er eingeschlafen war, dachte ich, es hat der Blitz eingeschlagen. Es ist alles aus! Ich habe keinen Weg mehr für mich gesehen ... Zusammen mit Freunden bin ich gleich ins Krankenhaus gefahren, habe ihn noch berühren können ... sein Körper war noch warm ... und er lag da, so, wie ich mich von ihm verabschiedet hatte, mit dem gleichen Lächeln auf dem Gesicht.

Er muß ganz still nach dem Abendessen eingeschlafen sein, wie mir die Schwester sagte; ist ganz unauffällig abgetreten ...

Zwei Tage nach dem Tod wurde er in der Friedhofskapelle aufgebahrt, und ich habe ihn noch einmal sehen können. Ich hatte darum gebeten – man kann das ja verlangen – weil ich ihn noch einmal sehen wollte, ganz egal, wie er aussehen würde. Aber er sah genau so aus wie vorher, und ich habe es nicht bereut. Es war ja die letzte Möglichkeit für mich.

In den Tagen bis zur Beerdigung gab es so viel zu tun, daß ich gar nicht zur Besinnung kam. Ich wollte alles besonders gut machen. Er sollte eine schöne Trauerfeier und Beerdigung haben, sollte nicht mehr zurückstehen ..., das war das einzige, was ich noch für ihn tun konnte. Beides ist dann auch so ausgefallen, wie ich mir das für ihn gewünscht habe. So viele Menschen haben ihn auf seinem letzten Weg begleitet, und es gab Blumen in Hülle und Fülle, so daß ich selbst ganz überrascht war. Das war eine große Ehre für ihn und für mich so tröstlich.

Ich hätte vorher nie gedacht, wie wichtig das für mich sein würde, denn eigentlich hatten wir uns immer wenig um die Meinung anderer Leute gekümmert. Aber wenn dann so etwas passiert, sieht man manches doch wohl von einer anderen Seite an. Vielleicht hängt das auch mit meiner Flucht im und nach dem Krieg zusammen. Mein Vater war verschollen, und meine Mutter ist ganz allein gestorben, als ich im Arbeitslager bei den Polen war. Dort hat man es mir auch mitgeteilt, und ich mußte sie innerhalb eines halben Tages unter die Erde bringen. Zusammen mit einer ‚Arbeitskollegin' haben wir sie in einem provisorischen Sarg vergraben. Ein Grab von ihr gibt es nicht, und das macht mich noch heute traurig. Ich glaube, daß ich es auch deshalb für so wichtig halte, meinem Mann eine schöne Grabstelle zu schaffen. Außerdem ist das für mich ein Zeichen dafür, wie man zusammen gelebt hat.

Ja – und nach der Beerdigung kam dann der große Einbruch. Das war wie eine Lähmung ... plötzlich alles abgerissen ... und die Angst, daß nichts mehr bliebe von dem, was gewesen war, wurde bei mir immer stärker. Ich habe versucht, die Blumen auf seinem Grab frisch zu halten. Irgendwie hatte ich die Idee, daß dadurch etwas lebendig bliebe. Man braucht ja so bestimmte Vorstellungen, die einem weiterhelfen. Heute empfinde ich das anders, aber die Pflege der Grabstelle liegt mir immer noch sehr am Herzen. Manche finden das übertrieben, aber mir bringt das Trost.

Als dann die Formalitäten für die Erbschaftssteuer zu erledigen waren, haben mir Freunde dabei geholfen und mir auch die Angst genommen, daß ich dadurch meine finanzielle Sicherheit verlieren könnte. Meine Rente ist nicht groß, und ich brauche die zusätzliche Einnahme aus der Mietwohnung in unserm Haus. Wenn ich da noch eine größere Summe zahlen müßte, würde es etwas eng für mich. Es ist gut, daß wir rechtzeitig unser Testament gemacht haben, denn in der Familie meines Mannes hatte ich es als Flüchtling nie leicht. Am Anfang, als wir verheiratet waren, habe ich das ganz deutlich gespürt, und das hat mir auch oft weh getan. Vielleicht erklärt sich daraus auch ein Teil meiner Angst, jetzt könnten wieder alle über mich herfallen ... und da ist niemand mehr, der mir zur Seite steht. Diese Sicherheit vermisse ich im Augenblick am meisten, aber ich hoffe, daß das wieder besser wird. Sonst, wenn ich Kummer hatte, nahm mein Mann mich in den Arm und sagte: Laß nur, zusammen schaffen wir das schon.

Nun ist das Trauerjahr fast zu Ende und jeder sagt, ich soll die schwarzen Sachen ausziehen. Aber ich kann's noch nicht ... ich bin ganz einfach noch nicht so weit ... vielleicht in einem halben Jahr oder so ... ich weiß es nicht ... es tut alles noch so weh.

Ich hab' ein Gefühl wie auf einer Schwebeschaukel: mal rauf, mal runter – und ich glaube nicht, daß ich in diesem Jahr

Kraft gewonnen habe. Ich merke, daß ich eher zusammenklappe, weil ich keine Aufgabe mehr habe. Und der Winter mit den dunklen Tagen und den langen Abenden macht mir auch zu schaffen. Ich sehe für mich keine Zukunft mehr. Da hilft auch das schöne Haus nicht und die vielen Freunde und Bekannten, die sich um mich kümmern. Mir fehlt der Mensch, der mich tröstet, mich in den Arm nimmt und festhält, dem ich alles erzählen kann ... der ganz einfach da ist, auch wenn ich noch so viel für ihn tun muß.

Ich glaube, daß man sich im Alter nicht mehr umstellen kann. Wenn man so lange zusammengelebt hat, ist man so abhängig geworden! Und gerade die letzten zehn Jahre, die haben uns sehr verbunden; wir waren so vertraut miteinander geworden und waren nur füreinander da. Wir hatten ja beide, jeder für sich, ein schweres Leben gehabt und haben uns gerade deswegen wohl besonders gut verstanden und gegenseitig geholfen. Aber alle Zeiten waren nie so schwer wie heute. Heute muß ich das alles allein verkraften ... und da kann einem keiner helfen, weil das von innen kommen muß. Es ist auch schwer für andere, das nachzufühlen. Zuerst mag man nicht sagen, wie einem zumute ist und wenn man es sagt, wird das oft nicht verstanden. Da hort man dann immer: „du mußt das, du mußt das" ... aber mit Gewalt ist nichts übers Knie zu brechen. Da schweigt man dann lieber – und nach innen weint man.

Ich fühle mich in meinen vier Wänden am wohlsten, mag nicht weggehen – noch nicht – und wenn mir die Decke auf den Kopf fällt, dann telefoniere ich schon mal, um auf andere Gedanken zu kommen. Das gelingt auch meistens. Für mich ist es eine große Hilfe, wenn man mich besucht; vor allem, wenn es überraschende Besuche sind. Dann ist das Haus nicht so leer, und ich habe etwas zu tun. Ich habe gerne etwas zu tun, schon deshalb, weil ich das ein ganzes Leben so gewohnt gewesen bin.

Wenn Besuch da ist, sprechen wir wenig über meinen Mann. Ich würde mir das schon wünschen, aber ich kann selbst doch nicht damit anfangen. Vielleicht spricht man deshalb nicht von meinem Mann, weil man mich nicht traurig machen will, dabei möchte ich eigentlich ja nur von ihm erzählen und auch etwas über ihn hören. Vielleicht sollte ich es von mir aus mal versuchen, wenn mir danach zumute ist. Man sieht dann ja, wie die anderen reagieren.

Besonders lieb hat sich mal eine Cousine meines Mannes verhalten. Sie sagte nach einem Telefongespräch: „... und einen stillen Gruß an Walter". Das hat mich sehr berührt und mir gezeigt, daß er noch nicht vergessen war und für sie weiterlebte.

Es wäre sicher manches leichter, wenn Kinder da wären. Aber das Glück ist uns leider nicht geschenkt worden. Auch wenn die Kinder einen im Alter nicht mehr brauchen, es ist eben noch eine Gemeinsamkeit da.

Ich weiß nicht, ob es im Alter anders ist, einen Menschen zu verlieren, weil man vielleicht nicht mehr so viel Zeit vor sich hat wie ein junger Mensch. Ich meine, da gibt es keine Zeit mehr, sich etwas Neues aufzubauen, und man hat wohl auch nicht mehr so viel Kraft wie ein junger Mensch. Es ist schwer, seine gewohnten Bahnen zu verlassen. Die Einsamkeit wird wachsen, denke ich, weil ja auch die Reihen im Bekannten- und Freundeskreis dünner werden.

Ich werde viel von Freunden eingeladen – Verwandte kommen ja nicht auf solche Gedanken! –, aber im Augenblick steht mir noch nicht der Sinn danach. Vielleicht werde ich später einmal darauf eingehen.

Es gibt auch heute immer noch Zeiten, in denen ich nach dem Warum frage; warum das alles so schnell passieren mußte. Aber darauf wird es wohl nie eine Antwort geben. Ich denke, Gott hat es auferlegt, Gott wird es tragen helfen. Ich bete viel, und der Glaube hat mir in meinem Leben immer weitergeholfen. Auch als mein Mann im Krankenhaus lag, habe ich viel gebetet. Vielleicht ist es ihm dadurch leichter geworden, ich hoffe es für ihn.

Im Augenblick habe ich zwar noch wenig Kraft, aber ich bin trotzdem dankbar, daß mein Mann zuerst gehen durfte. Das hat er sich auch immer gewünscht. Er allein – das wäre schlimmer für ihn gewesen, zumal er ja auf die Hilfe von anderen angewiesen war. Noch 14 Tage vor seinem Tod hatte er darüber gesprochen, daß er lieber vor mir sterben würde – und so ist es dann ja auch gekommen.

Am Anfang hat mir das Gespräch mit dem Pfarrer sehr geholfen. Er hat sich viel Zeit für mich genommen, und ich konnte mit ihm über meinen Mann und mein Leben sprechen. Die Trauerrede war dann sehr persönlich und hat mir viel Trost gegeben.

Es tröstet mich auch immer wieder, wenn ich bestimmte Sendungen im Radio höre, zum Beispiel die kurze Andacht morgens. Die haben wir auch früher schon gehört und da findet man oft Worte, die begleiten einen den ganzen Tag. Oft werde ich auch von dem Gedanken angetrieben, alles schön zu machen. Das hat meinen Mann immer sehr gefreut. Aber wenn ich dann fertig bin, kommt die Traurigkeit zurück.

Von dem Tage an, an dem mein Mann gestorben ist, habe ich jeden Tag etwas gesucht, was mir Kraft gegeben hat – und das tue ich auch heute noch. Meistens habe ich auch etwas gefunden, in der Bibel oder im Gebetbuch; das kann ein Gebet, ein Lied oder auch eine Stelle aus Lesungen oder anderes sein. Manche Stellen lese ich dann öfter, manches kann ich auch schon auswendig … ein Lied mag ich besonders gern: ‚So nimm denn meine Hände und führe mich'. Danach fühle ich mich immer viel ruhiger.

Das Bild von meinem Mann hängt neben meinem Bett. Ich spreche jeden Abend vor dem Schlafengehen mit ihm, aber geträumt habe ich noch nie von ihm. Das läßt sich ja auch nicht erzwingen. Ich tröste mich oft damit, daß ich sage, er hat es hinter sich – ich habe es noch vor mir, und ich weiß nicht, wie mir das gelingt. Es beruhigt mich auch sehr, daß ich immer versucht habe, ihm zu helfen; da bin ich nicht müde geworden. Vielleicht gelingt es mir auch jetzt, mit meiner Trauer fertigzuwerden.

Ich hoffe, daß mir der Glaube dabei hilft, und ich höre nicht auf zu beten. So bin ich erzogen worden, und das hat mir im Leben viel geholfen. Alles ist am Ende immer gut ausgegangen und ich habe so oft einen guten Schutzengel gehabt. Wir Menschen können eben nicht daran drehen, wann unsere Uhr abgelaufen ist.

Was später wird, kann ich noch nicht sagen. Wenn es sein muß, werde ich mein Haus verkaufen und ins Altenheim gehen, aber vielleicht kann ich ja auch bis zum Schluß zu Hause bleiben. Finanziell reicht das Geld für meine Ansprüche aus, wenn nichts Schlimmeres passiert.

Mir wird oft gesagt, ich sei noch zu jung, um alt zu sein – aber ich fühle mich zu alt, um Neues anzufangen ... Vielleicht ergibt es sich ja irgendwann, daß ich wieder eine sinnvolle Aufgabe finde und für andere sorgen kann.

Andere sollen nicht erfahren, daß ich allein bin

Monika S.

Seit zwei Jahren ist Monika verwitwet, sie hat eine Tochter und einen Sohn. Mit 19 Jahren hat sie ihren ein Jahr älteren Mann geheiratet. Vor und während der Ehe arbeitete sie als Verwaltungsangestellte.
Ihr Mann war Ingenieur. Vorher nie ernstlich krank gewesen, starb er 47jährig nach einer Herz-Dilatation plötzlich und unerwartet infolge einer Embolie.

Seit dem Tod meines Mannes ist mein Mitgefühl für das Leid anderer intensiver geworden. Früher habe ich den Kummer bei anderen gar nicht richtig verstehen können. Als zum Beispiel vor einigen Jahren eine Kollegin ihre Tochter verloren hat, habe ich sie ziemlich allein gelassen. Heute würde ich sie sicher einmal zu Hause anrufen und zu trösten versuchen. Ja, ich bin mitleidiger geworden und höre auch genauer zu, als ich das früher getan habe; merke schneller, wenn jemand traurig ist, und versuche, ihn zu verstehen.

Ich nehme mich selbst heute auch insgesamt anders wahr. Im Umgang mit anderen stelle ich mich nicht mehr als Frau meines Mannes dar, denn ich bin ja nun alleinstehend.

Ich kann das Wort Witwe nicht hören und verwende es auch nie. Wenn ich gefragt werde, sage ich alleinstehend. Witwe ist ein fürchterliches Wort. Das kommt wohl daher, weil ich dabei immer an meine Mutter denke. Mein Vater ist im Krieg gefallen, und meine Mutter hat mir ständig gesagt, wie schwer es doch als Frau ist, allein zu sein; daß man immer auf ihr herumgetrampelt hat ... man ist ganz einfach nicht mehr fürs Leben offen. Ich nehme mich noch nicht so an. Witwe war für mich früher immer eine alte Frau. Ich mag nicht, daß andere erfahren, daß ich allein bin.

Am Anfang, wenn ich mit befreundeten Paaren zusammen war, hat das sehr weh getan. Aber ich mußte es ja akzeptieren. Es gab oft Bitterkeit, seitdem ich allein bin. Bitterkeit darüber, was man mit mir als Frau macht, was man mir zumutet. Selbst in der Nachbarschaft habe ich diese Erfahrung gemacht. Auch heute kann ich noch nicht aussprechen, daß ich allein bin. Ich will nichts erklären, und das Wort ‚Tod' bringe ich nicht über die Lippen. Deshalb wähle ich oft Ersatzworte wie ‚nicht mehr da' oder ähnliches. Aber das kann natürlich auch falsch verstanden werden, als ob mein Mann mich verlassen hätte. Aber er hätte mich nie verlassen, davon bin ich überzeugt. Die Intensität einer Beziehung zeigt einem das doch. Das macht mich auch jetzt so tieftraurig, daß ich das alles nicht mehr haben darf.

Wenn ich heute jemand Trost vermitteln sollte, der von einem ähnlichen Schicksalsschlag betroffen wird, so würde ich ihm sagen: „Tu was! Weine zwar, denn es erleichtert ja, aber aus dem Weinen mußt du dich aufrichten. Und mach, was dir Spaß macht. Sprich mit irgendwelchen Leuten, die dir nahestehen, lade auch Freunde zu dir ein."

In meiner Situation habe ich es auch als hilfreich empfunden, wenn andere mir von ihren Erfahrungen erzählten. Manches, was ihnen geholfen hat, habe ich dann selbst ausprobiert. Ich habe zum Beispiel Leute zu mir eingeladen, auch Paare. Ich mußte Menschen um mich haben, damit das Haus nicht so leer war; damit ich im Hause was zu tun hatte, eine Aufgabe hatte. Meine Kinder waren ja nicht mehr da.

Besonders wichtig war für mich, mit Gleichgesinnten zusammen zu sein, mit Menschen, die auch so empfinden wie ich. Ich würde das auch anderen raten. Mir hat in der schlimmen Zeit ein Trauerseminar geholfen, das ich mitgemacht habe. Solche Seminare werden ja von den Kirchen oder an Volkshochschulen angeboten. Ich denke, man darf sich nicht zu sehr zurückziehen, auch wenn es ganz schwerfällt, aktiv zu sein.

Vor allem im ersten Jahr konnte ich kaum die Leute besuchen, mit denen wir immer zusammen waren. Es tut weh, dazusitzen, wenn sich alles bewegt um einen herum … aber man kann ja immer noch nach Hause gehen, wenn man es nicht mehr aushält. Wichtig ist, daß man erst einmal dagewesen ist, daß man sich hat einladen lassen.

Ich würde gerne etwas weitergeben, was ich für mich aber noch nicht verwirklicht habe: „Schiebe nichts vor dir her, gehe es an. Je eher es erledigt ist, desto weniger belastet es dich." Das habe ich für mich noch nicht erreicht, aber ich halte es für sehr wichtig und bin auf dem Wege dorthin.

Heute mache ich mir auch schon mal wieder eine Freude, fahre in die Stadt und kaufe mir was Schönes. Im ersten halben Jahr war das überhaupt nicht möglich, aber jetzt mache ich schon mal einen Frustkauf oder gebe auch schon mal ein paar Pfennige mehr aus als früher.

Ich bin damals nach dem Tod meines Mannes drei Wochen zu Hause geblieben, bin gar nicht zur Arbeit gegangen. Dann kamen meine Kolleginnen, jeden Tag eine andere, und jede sagte: „Du mußt kommen, wir brauchen dich". Dann bin ich eines Tages wieder hin und habe gefühlt: „Du wirst wieder aufgenommen". Ich habe mich dann mehr dunkelgrau gekleidet, weil ich im Büro nicht von Fremden angesprochen werden wollte. Mir wurde trotzdem mal gesagt, ich solle mal zur Kur fahren, ich sähe ja aus wie das Leiden Christi. Ich habe nur gedacht: „Du weißt gar nichts".

Ich habe mich damals auch nicht geschminkt, meine Haare nicht besonders zurechtgemacht ... das war alles so unwichtig geworden. Aber das hat sich langsam wieder verloren. Heute mache ich das wieder, dafür hat schon meine Tochter gesorgt. Später habe ich auch die gedeckten Farben langsam abgebaut. Was ich allerdings noch immer nicht tragen kann, ist Rot. Mein Mann liebte Rot an mir, vielleicht fällt es mir deshalb so schwer. Ich trage heute auch kein Schwarz mehr. Ich könnte niemals einen schwarzen Pullover anziehen oder eine schwarze Bluse.

Allmählich kann ich mich als Person wieder akzeptieren. Ich habe Phasen gehabt, da dachte ich: „du bist das häßlichste Geschöpf der Welt, dich wird nie wieder ein Mensch mögen". Und dann habe ich irgendwann wieder angefangen, mich zu pflegen, schon allein deshalb, weil ich nicht mehr angesprochen werden wollte, wie elend ich aussah. Irgendwann konnte ich das nicht mehr hören. Mit 47 Jahren will man das vielleicht nicht, daß man aussieht wie 60. Damit hat sich dann wohl doch wieder so ein kleiner Lebensfunke in mir geregt.

Ich kann bis heute noch kein Foto von meinem Mann aufstellen. Das ist ganz schlimm! Ich kann's mir zwar anschauen, wenn mir danach ist, und spreche dann auch mit ihm, aber anschließend lege ich es wieder zurück auf den Tisch oder in die Schublade. Ich kann nicht sagen, warum ich das mache.

Mein Mann war der wichtigste Mensch in meinem Leben, andere Männer hat es nie gegeben. Ich kann mir auch nicht vorstellen, daß es je wieder einen Mann für mich geben könnte. Er ist sehr gesellig gewesen und war auch im Freundeskreis sehr beliebt. Er hatte so einen trockenen Humor. Ich weiß aber, daß er mir nie untreu gewesen ist – und er ist bis zum Schluß mein Mann geblieben. Das ist ein schönes Gefühl. Es ist auch ein schönes Gefühl für mich zu wissen, daß ich die Kraft gehabt habe, ihn glücklich zu machen.

Meine Tochter meint, daß es vielleicht ganz gut wäre, nicht allein zu bleiben. Ich glaube aber, daß ich sehr wohl allein leben kann. Vielleicht mal eine Kameradschaft oder so, aber etwas Intimes kann ich mir nicht mehr vorstellen.

Ganz gleich, was geschieht, meinen Namen werde ich nie mehr aufgeben. Ich trage diesen Namen sehr gerne.

Mein Mann ist jetzt seit zwei Jahren tot, und ich fühle mich ihm heute noch genauso verbunden wie früher. Er ist eigentlich immer um mich herum, das merke ich in vielen Situationen. Bei manchem, was ich heute vielleicht anders mache als zu seinen Lebzeiten, erwische ich mich dabei, daß ich denke: „Nein, das hätte Rainer nicht gemocht". Am Anfang habe ich mich manchmal etwas gehenlassen, weil mir alles gleichgültig geworden ist, aber jetzt kann ich es mir wieder etwas schöner machen. Ich komme allmählich wieder auf unsere früheren

Gepflogenheiten zurück. Es gibt allerdings auch heute noch viele Dinge, die mir sehr zu schaffen machen. Ich kann zum Beispiel immer noch nicht gut in unserem Wohnzimmer sitzen, bin auch nach wie vor sehr ruhelos. Dabei komme ich eigentlich zu nichts, der Tag geht ganz schnell um. Ich gehe viel aus dem Haus, um mit Menschen zusammen zu sein. In der Zeit kann ich ja nicht grübeln, und ich bin für jede Ablenkung dankbar und nehme sie auch an. Zu Anfang war das alles viel schwerer, vor allem das Zurückkommen, wenn ich aus dem Haus gegangen war. Das geht mir auch heute noch manchmal so, aber es ist nicht mehr ganz so schlimm. Ich lebe ja ganz allein, denn meine Kinder sind selbständig und haben ihre eigene Wohnung.

In den ersten Tagen nach Rainers Tod hat meine Tochter einige Nächte bei mir geschlafen. Mein Sohn hat bis heute nicht einmal bei mir übernachtet, ich weiß auch nicht, warum. Er ist aber oft da und hilft mir, wann immer er kann.

Ich hab' auch Phasen starken Alkoholkonsums durchgemacht, habe regelrecht getrunken ... nur um zu vergessen. Aber dabei wurde mir so übel, daß ich mich die ganze Nacht erbrochen habe und am anderen Tag nicht zur Arbeit gehen konnte. Das machte alles noch viel schlimmer. Meine Tochter hat später zu mir gesagt: „Mutti, ich hatte richtig Angst um dich". Das hat aber nicht allzu lange gedauert, das mit dem Alkohol. Ich bin dann zum Arzt gegangen und wollte Beruhigungstabletten haben, die er mir aber nicht gegeben hat. Dafür hat er mir ein therapeutisches Gespräch angeboten, und ich habe das auch ein Jahr lang einmal wöchentlich wahrgenommen. Dieser Therapeut hat nicht in der Vergangenheit herumgebohrt, sondern hat mit mir eigentlich zukunftsweisende Gespräche geführt. Wir haben sehr viel über meine Trauersituation gesprochen, und das hat mir auch geholfen, für mich eine neue Perspektive zu finden. Ich kann das anderen nur nachdrücklich empfehlen, wenn sie absolut nicht zurechtkommen.

Früher habe ich große Vorurteile über Therapien gehabt, doch heute denke ich ganz anders darüber.

Was ich auch für wichtig und hilfreich halte, ist, daß man mehr mit seinen Kindern über die eigenen Gefühle sprechen sollte. Meine Tochter hat mir einmal den Vorwurf gemacht, daß ich mit ihr nicht genug über meine Trauergefühle reden würde. Sie selbst war durch den Tod ihres Vaters auch sehr betroffen, hatte aber eine andere Art, Trauer zu bewältigen und hat sich doch schnell gefaßt, zumindest in meiner Gegenwart. Ich spreche manchmal mit meinen Kindern über meinen Mann. Das bedeutet mir sehr viel.

Die Beisetzung selbst habe ich nur noch schemenhaft in Erinnerung. Eines aber würde ich nie mehr zulassen, nämlich, daß man mir am Grab sein Beileid bezeugt. Das fand ich so schlimm – so schlimm! Ich mache mir noch heute Vorwürfe, daß ich nicht in die Annonce hab' aufnehmen lassen: ‚Von Beileidsbekundungen an der Grabstelle bitte ich Abstand zu nehmen'. Es gibt ja viele, die das machen.

Für mich hat der Friedhof eine große Bedeutung. Wenn mir danach ist, wenn mein Herz voll ist von Sorgen, dann gehe ich zum Friedhof und halte Zwiesprache mit meinem Mann. Für mich hat der Friedhof aber nur dann etwas Beruhigendes, wenn ich ganz allein sein kann, ich mag nicht angesprochen werden. Ich bringe oft frische Blumen hin, auch gern aus dem eigenen Garten.

Meine Kinder gehen überhaupt nicht zum Friedhof. Meine Tochter sagte: „Der Vati lebt für mich woanders weiter, aber nicht da". Auch am Todestag melden sich meine Kinder nicht. Als ich sie darauf angesprochen habe, sagte mir mein Sohn: „Der Todestag ist gar nicht wichtig, das ist abgeschlossen; der Vati lebt hier drinnen in mir." Meine Tochter brachte mir danach einen Blumenstrauß und hat mir erklärt, daß er für sie auch nichts bedeutet und daß ich mich mit dem Gedanken vertraut machen müßte, daß sie nicht zum Friedhof gehe und das als eine Zeremonie empfinde. „Weißt du", sagte sie mir, „der Vati ist in meinem Herzen, und Blumen möchte ich lieber einem Menschen schenken, der noch da ist – und nicht auf den Friedhof bringen. Vati sieht die Blumen ja nicht, die ich ihm hinstelle".

Was mir heute auffällt, ist, daß ich bewußt Todesanzeigen lese. Ich glaube, ich tue das deshalb, um mir klarzumachen, daß es andere auch trifft, auch im gleichen Alter wie mein Mann.

Mein Mann hat immer liebevoll für mich gesorgt. Das vermisse ich heute ganz besonders, vor allem dann, wenn ich krank bin. Da kommt keiner mehr. Davor habe ich auch Angst, wenn ich mal älter werde. Urlaub habe ich bis jetzt kaum gemacht, nur mal wenige Tage mit Freunden zusammen. Ich scheue mich noch sehr davor! Wenn ich heute Ehepaare sehe, die nicht miteinander auskommen oder sich sogar gegenseitig belügen, werde ich etwas aggressiv und denke „Warum tut ihr euch so etwas an?" Überhaupt, wenn ich mit anderen Ehepaaren zusammen bin, das tut weh. Dann kommt manchmal auch etwas Wut hoch, warum könnt ihr, warum kann ich nicht mehr. Ich bin in unserem Bekanntenkreis die erste, die allein sein muß. Und es ist auch manchmal, das gebe ich ehrlich zu, etwas Schadenfreude in mir, zum Beispiel, wenn jemand krank ist. Da hab' ich schon mal gedacht „Dich erwischt es auch". Ich hab' mich hinterher richtig dafür geschämt, wenn ich zu Hause war.

Mein Umgang mit Männern hat sich stark verändert. Ich bin sehr zurückhaltend geworden. Wo ich früher mal rumgeflachst habe, da verhalte ich mich heute ganz distanziert. Ich habe es allerdings nie erlebt, daß ein Mann anzüglich geworden wäre. Ich will auch nicht, daß die Ehefrauen eifersüchtig werden könnten. Ich würde auch niemals einen Grund dafür geben, aus Angst, Freundschaften zu verlieren. Außerdem könnte ich überhaupt nichts zulassen, denn mein Herz ist besetzt, richtig voll besetzt von meinem Mann. Da ist noch nichts frei, was für neue Gefühle bereit ist. Das wird sich vielleicht mal ändern. Ich gestehe mir heute schon ein, daß da mal etwas Luft sein könnte, aber ich will es noch gar nicht. Unsere Freunde sind mir alle erhalten geblieben, ich habe allerdings auch was dafür getan.

In den zwei Jahren meines Alleinseins hat sich schon so manches verändert. Ich bin ruhiger geworden, die Tränen sitzen nicht mehr so locker. Ich werde auch mit einigen Situationen fertig, in denen ich früher gesagt habe, das schaffst du nie. Auch das Organisatorische klappt schon etwas besser. Wenn ich weine, heule ich mich so richtig ein, Weltschmerz bis oben hin ... dann gehe ich eventuell auch schon mal nicht zur Arbeit, aber hinterher geht es mir dann wieder besser. Ich kann auch wieder lachen mittlerweile, auch mal spontan. Ich glaube, ich habe mir das Lachen eine Zeitlang verboten. Ich habe gedacht, wenn du wieder fröhlich bist, dann ist das ein Verrat an deinem Mann. Diese Gefühle habe ich nicht mehr, wozu vor allem auch die Therapie beigetragen hat. Es ist mir heute ziemlich egal, was die Leute sagen. Wichtig ist vor allem, etwas für sich zu tun. Ich hatte zu Anfang fünfzehn Pfund abgenommen, jetzt habe ich wieder etwas zugenommen. Meine Schlafstörungen sind immer noch da – und, was ich an mir selbst nicht leiden kann, ich komme morgens nicht aus dem Bett. Ich habe keinen Antrieb mehr. Oft wache ich schon mit Schmerzen in den Beinen auf, habe auch vermehrt Migräne. Mein Arzt meint, daß die Beschwerden eine psychische Ursache haben. Ich habe viel darüber nachgedacht und bin zu dem gleichen Schluß gekommen. Das ist wohl die Angst vor dem Tag. Früher haben mein Mann und ich jeden Tag Aufarbeitung gemacht, haben uns gegenseitig unsere Erlebnisse mitgeteilt. Heute flüchte ich vor mir, gehe öfter aus dem Haus, um die Nachmittage zu überbrücken, an denen ich sonst auf meinen Mann gewartet habe.

In meinem Haus will ich jetzt einiges verändern. Vor allem das Schlafzimmer muß anders werden, weil es mich immer wieder bedrückt. Ich würde so gerne viel mehr lesen, aber ich kann mich einfach nicht konzentrieren. Meditations-Bücher nehme ich immer wieder zur Hand, sie liegen ständig auf meinem Nachttisch bereit.

Die Frage nach dem Weiterleben beschäftigt mich oft. Ich denke dabei eher an die Möglichkeit einer Wiedergeburt; religiöse Vorstellungen vom Jenseits habe ich nicht. Und dann geht mir natürlich durch den Kopf, ob es irgendwie ein Wiedersehen mit meinem Mann geben könnte ... und wenn, dann sollte es möglichst bald sein, damit er mir nicht so fremd geworden ist. Am Anfang war diese Todessehnsucht ganz stark, heute ist sie etwas schwächer geworden. Ich glaube, ich habe keine Angst vor Krankheiten und auch nicht vor dem Tod. Wie's aussieht, wenn es dann so weit ist, weiß ich nicht. Ich hänge nicht am Leben, habe immer schon einen kleinen Hang zur Melancholie gehabt. Am Anfang habe ich das Schicksal angeklagt, manchmal mit den Fäusten gegen die Wand getrommelt. Ich fühlte mich so, als sei ich amputiert, als würde ich das niemals schaffen können. Ich hatte ja meinen Mann mit 17 Jahren kennengelernt, und mit 19 haben wir schon geheiratet. Er war im Grunde die einzige Bezugsperson für mich gewesen, die ja nun nicht mehr da war.

Es wird oft gesagt, daß Jungehen schiefgehen. Wir hatten aber oft darüber geredet, daß wir, wenn wir alt sind, mal ein Buch schreiben wollen über Jungehen, die gutgehen.

Ich bin heute sehr froh und dankbar, daß ich meinem Mann auch öfter gesagt habe, wie sehr ich ihn mag, was ich gut an ihm finde. Ich versuche, das heute auch an andere Ehepaare weiterzugeben.

Am Anfang unserer Ehe mußten wir viel rechnen, weil mein Mann noch ein Aufbaustudium absolviert hat. Später im

Beruf war er sehr zielstrebig, und wir haben uns dann mit eigenen Händen bald ein Haus bauen können.

Auf die Krankheit aufmerksam gemacht wurden wir durch eine Routineuntersuchung nach einem Arztwechsel. Bei einer gründlichen Untersuchung stellte sich heraus, daß die äußere Herzkranzarterie zu 75 Prozent verschlossen war und durch eine Ballon-Dilatation gedehnt werden mußte. Der Arzt hatte uns erklärt, daß das eine leichte Sache ist, die sehr oft gemacht wird und fast immer gut ginge. Ja und dann kam alles ganz anders ... Die Ärzte in der Klinik haben sich sehr seltsam verhalten. Erst durch wiederholtes Nachfragen habe ich erfahren, daß mein Mann an einer Embolie gestorben ist. Knallhart wurde mir das am Telefon mitgeteilt, obwohl ich im Krankenhaus im Besucherzimmer war. Erst als meine Tochter nachdrücklich gefordert hatte, daß denn mal einer zu uns kommen und es uns erklären solle, kam ein Arzt und hat es uns so ganz unbeteiligt gesagt. Daraufhin wollte ich meinen Mann natürlich sehen, aber davon hat man mich zurückgehalten, auch meine Kinder haben mich abgehalten. Später tat es mir leid, daß ich mich hatte überreden lassen. Ich bin lange Zeit nicht damit fertiggeworden, denn ich hatte ja von ihm nicht richtig Abschied genommen. Das hat mich sehr belastet, aber nach Gesprächen mit meinen Kindern hab' ich das langsam überwunden.

Ich habe meinem Mann wochenlang, als wenn er noch da gewesen wäre, ‚Gute Nacht' gesagt und habe viel mit ihm gesprochen. Auch heute habe ich noch das Gefühl, daß er an meinem Leben teilnimmt. Manchmal meine ich, er faßt mich an und gibt mir in gewissen Situationen Kraft, ja, daß Kräfte von ihm ausgehen, die ich spüre. Am Anfang meines Alleinseins ist das noch stärker gewesen.

Ich habe eine Situation erlebt, da habe ich ein Schriftstück in seinem Büro gesucht, hab's nicht gefunden und habe fürchterlich geweint und gesagt: „Hilf mir doch!" Und plötzlich hatte ich das Gefühl, mich faßt von hinten einer an. Ich habe mich sehr erschreckt und sofort umgeguckt, bin dann rausgegangen, um nachzusehen, ob im Haus alles in Ordnung ist. Als ich dann ins Zimmer zurückkam ... fand ich das Schriftstück! Ich fand auf Anhieb im Ordner das, was ich suchte. Das war wie ein Wunder für mich.

Einmal hat mich ein befreundetes Ehepaar mit in Urlaub genommen für eine Woche, aber das war eine Woche voller Qual. Ich habe gebetet, daß die Zeit schnell zu Ende geht. Das, was wir früher zu viert gemacht hatten, machten wir jetzt nur noch zu dritt, und ich sah überall meinen Mann sitzen. Auf den leeren Platz habe ich dann meine Handtasche oder eine Strickjacke gelegt, um das Gefühl loszuwerden, daß einer fehlt. Ich merkte auch, daß das Ehepaar nicht damit zurecht kam, und vor allem er war manchmal richtig barsch, weil ich so unsicher reagierte in vielen Dingen. Er war bestimmt überfordert mit mir. Beide sprechen auch selten von meinem Mann. Er hat mir einmal gesagt, daß er es deshalb nicht macht, weil es ihm zu weh tut. Mein Mann und er hatten sich so prächtig verstanden, aber gerade darum habe ich es auch so vermißt, daß wir nicht gemeinsam über meinen Mann sprechen konnten.

Ein anderer Freund geht ganz locker damit um, und ich habe ihm auch gesagt, daß ich es ganz toll finde, wie er über Rainer spricht. Er meinte dann, daß mein Mann doch zu unserem Leben gehöre, auch wenn er tot ist, weil er unser Leben mit bereichert habe.

Es geht mir heute oft so, daß ich noch etwas wissen möchte von meinem Mann, weil ich die letzte Minute nicht bei ihm war. Ich denke, das liegt daran, weil ich noch gar nicht abgeschlossen habe, weil ich noch zu viel grüble.

Als ich einmal mit einer Kollegin meines Mannes gesprochen habe, hat sie mir gesagt, daß er anläßlich eines anderen Todesfalles geäußert haben soll: „Wenn mir das mal passieren sollte, würde ich mir wünschen, daß meine Frau sich aufrichtet und weiterlebt". Ich hab' mich ein bißchen daran geklammert, und das hat mir auch Kraft gegeben. Ich denke, daß mir dies eines Tages auch gelingen wird. Ein wenig zeigt sich das schon jetzt.

Ich mußte lernen, Entscheidungen zu treffen

Dorothea H.

Mit 27 Jahren hat Dorothea geheiratet; ein Sohn. Seit elf Jahren ist sie, nach 19jähriger Ehe, verwitwet. Vor der Ehe war sie als Erzieherin tätig. Ihr Mann war Syndikus-Anwalt, starb mit 47 Jahren an einem Cushing-Syndrom und Lungenkrebs. Dorothea lebt jetzt in einer neuen Partnerschaft.

Wir lebten schon einige Jahre in unserem eigenen Haus und haben sehr viel Wert auf ein ausgeprägtes Familienleben gelegt. Es kam selten vor, daß jemand mal etwas allein unternommen hat.

Ich habe eigentlich immer Angst gehabt, meinen Mann zu verlieren. Nun war mein Mann auch gesundheitlich nie so ganz stabil. Schon als Student hatte er mit Krankheiten zu tun. Er war entschlossen, sich vorzeitig pensionieren zu lassen, aber ich hab' wohl im Unterbewußtsein nie daran geglaubt, daß wir die Pensionierung auch zusammen genießen könnten. Schon einige Jahre vorher hatte mein Mann einen Herzinfarkt, der nicht schwer war, mich aber doch sehr ängstlich gemacht hat. Im gleichen Jahr folgte dann eine Bypass-Operation, die recht gut verlaufen ist. Trotzdem blieben Brustbeschwerden bestehen, und ungefähr vier Jahre später wurden sie immer stärker.

Im Urlaub fiel uns dann plötzlich auf, daß sich in seinem Körper Wasser angesammelt hatte, woraufhin er gründlich untersucht wurde. Man stellte einen Cushing fest, einen Nebennieren-Tumor, der zwar gutartig war, aber den ganzen Hormonhaushalt durcheinanderbrachte. Nach seinem Tod erfuhr ich dann, daß außerdem noch ein Lungenkarzinom diagnostiziert worden war. Die letzten zwei Wochen hat mein Mann auf der Intensivstation verbracht, und diese Zeit war furchtbar. Ich habe ihn zwar täglich besuchen können, weiß aber nicht, ob er mich überhaupt noch wahrgenommen hat. Ich habe manches Mal gedacht, wie gut es für ihn wäre, wenn er all das nicht bewußt erleben würde.

Vor der endgültigen Einlieferung ins Krankenhaus sind wir noch zusammen im Urlaub gewesen. Es war ein wunderschöner Herbsturlaub, obwohl er nur noch wenig Kraft hatte. Er mußte sich zwischendurch immer wieder erholen, wenn wir unterwegs waren.

Als er auf der Intensivstation lag, hatte ich eines Nachts einen seltsamen Traum: Mein Mann und ich waren durch eine Glasscheibe voneinander getrennt. Ich kam gerade von einer Beerdigung, und er stand mit einem Hammer auf der anderen Seite der Scheibe. Wir wollten zueinander, aber es ging nicht. Dieser Traum hat mir wahnsinnige Angst gemacht. Ich habe mich immer wieder an den Strohhalm geklammert, daß doch noch ein Wunder geschieht und er überlebt.

Wir haben während der ganzen Krankheit nicht über den Tod gesprochen, aber mein Mann hat nach der Herzoperation aufgeschrieben, was ich im Falle eines Todes alles zu tun hätte. Irgendwann hatten wir auch mal beiläufig darüber gesprochen, daß wir keine großen Trauerfeiern machen wollten, aber das war lange her. Während der Krankheit selbst haben wir uns wohl gegenseitig schonen wollen. Als er starb, bin ich leider nicht bei ihm gewesen. Es ging alles so schnell, daß ich nicht mehr früh genug in der Klinik sein konnte.

Nach dem Tode hat es mir sehr geholfen, daß wir eine so gute Ehe geführt hatten. Man brauchte sich keine Vorwürfe zu machen. Aber der Verlust war so groß, daß ich gar nicht wußte, wie es weitergehen sollte. Ich bin buchstäblich untergetaucht.

Die Beisetzung erfolgte ganz kurzfristig. Er war am 22. Dezember eingeschlafen, und vor Weihnachten sollte noch alles abgeschlossen sein. Ich bin mir damals wie eine Marionette vorgekommen und weiß kaum, was ich alles getan habe. Ich habe wohl nur funktioniert …

Als er aufgebahrt war, habe ich zuerst allein von ihm Abschied genommen. Solange er noch über der Erde war, ging es, da hatte ich auch das Gefühl, ich erhalte noch Kraft von ihm. Ich konnte ihn auch berühren, was ich bei anderen Verstorbenen nicht konnte. Bei der Trauerfeier habe ich diese Kraft von ihm auch noch gespürt, später gab es dieses Gefühl in anderer Form.

Im ersten Jahr habe ich den Kontakt zu ihm intensiv aufrecht erhalten, habe an ihn geschrieben und von meinem Leben berichtet. Dadurch hatte ich den Eindruck, noch mit ihm verbunden zu sein. Dann, als ich mich wieder der Welt draußen zugewandt habe, gab es einen noch schlimmeren Absturz. Ich habe versucht, mich abzunabeln; ein Leben losgelöst von ihm zu führen, was ich eigentlich noch gar nicht schaffte. Ich bin mir aber klar darüber geworden, daß ich nun meine Entscheidungen allein treffen mußte.

In den ersten Wochen habe ich mich nur zu Hause aufgehalten. Ich hatte Angst, daß mich auf der Straße jemand ansprechen würde und ging nur im Dunkeln spazieren.

Für meinen Sohn, der damals 18 Jahre alt war, war das sicher eine böse Zeit. Er mußte einkaufen gehen und alles ‚draußen' erledigen, ich wagte mich ja nicht raus. Ich konnte nur mit Tabletten über die Runden kommen. Morgens war es am allerschlimmsten. Ich war froh, wenn der Tag vorbei war und ich eine Schlaftablette nehmen konnte, damit der Denkapparat abgeschaltet wurde.

Ich habe oft von meinem Mann geträumt und positive Gefühle dabei gehabt. Mein Sohn hat das Ganze in die Schublade gepackt und versucht, sie zuzuziehen. Er hat wohl viel Schmerz empfunden und mußte sich gewaltsam davon befreien. Schon bei der Trauerfeier war er fast zusammengebrochen, und ich weiß auch, daß er später sehr unter meiner Trauer gelitten hat.

Wir haben natürlich viel über meinen Mann gesprochen, und ich glaube, daß ich meinen Mann zu sehr ..., also für meinen Sohn als unerreichbar hingestellt habe. Ich denke, wenn mein Sohn nicht gewesen wäre, wäre ich ernsthaft gefährdet gewesen, meinem Mann nachzugehen. Plötzlich erschien mir das Leben, das noch vor mir lag, endlos. Er ist viel zu jung gestorben. Ich dachte, das schaffst du nie. Bei älteren Menschen hatte ich oft den Eindruck, als ob sie das besser packen würden, vielleicht, weil sie nicht mehr so lange Zeit vor sich haben.

Ich konnte damals keine Farben ertragen – und Menschenansammlungen waren mir zu laut und zu anstrengend. Dadurch, daß ich so viel alleine war, war ich ängstlich und scheu geworden. Ich war auch zu alltäglichen Gesprächen nicht bereit, es war mir alles zu unwichtig.

In meiner Not habe ich versucht zu glauben. Unser Pastor hat viel dazu beigetragen, daß ich Hilfe bekam. Er hat mich am Silvesterabend besucht und ein langes Gespräch mit mir geführt. Da habe ich viel über meinen Mann sprechen können, und das war gut für mich. Ein weiterer wichtiger Schritt bestand für mich dann in der Erfahrung, daß es irgendwann auch mal leichtere Tage gibt, die nicht wehtun. Man erwartet ja gar keine Freude. Ich habe ganz langsam gelernt, mit den Depressionen umzugehen, so daß ich wußte, ich komm' wieder raus.

Nach ungefähr einem Jahr wurde es etwas besser, da habe ich wohl angefangen, mit dem Leben nach und nach fertigzuwerden. Man muß ja als alleinstehende Frau um alles kämpfen, und als Ehefrau hat man das ein bißchen verlernt.

Irgendwann habe ich mal einen Neurologen aufgesucht und vorübergehend auch Medikamente bekommen, denn ich hatte keinen Appetit mehr. Ich habe mir immer wieder gesagt: „Du mußt es lernen, Entscheidungen zu treffen für das Leben allein, du kannst nicht mehr Entscheidungen treffen, als wäre dein Mann noch am Leben." Ich hab' mir dann auch zögernd eingestanden, daß die Entscheidungen meines Mannes nicht immer nur richtig gewesen sind. Das hat den Zwang von mir genommen, alles in seinem Sinne weitermachen zu müssen.

Ich habe Anfang des zweiten Trauerjahres mal an einem Wochenseminar teilgenommen, auf dem ich allein zurechtkommen mußte, und das hat mich sehr vorangebracht. Es war mir erstmals gelungen, mich auf andere Leute einzulassen, und das hat mein Selbstbewußtsein gestärkt. Außerdem konnte ich während der Woche auch gut abschalten, weil wir stark gefordert wurden.

Ich habe oft gehört, daß viele Frauen nach dem Tod ihres Mannes von den befreundeten Ehepaaren gemieden wurden, aber diese Erfahrung habe ich überhaupt nicht gemacht. Das bedeutete viel Anerkennung für mich, und mein Selbstwertgefühl ist auch dadurch gewachsen. Alle haben zu mir gehalten, und dafür bin ich auch sehr dankbar.

Ich habe nie erlebt, daß man mir zu nahe getreten ist, aber ich muß auch sagen, daß ich ganz besonders vorsichtig gewesen bin und keiner Frau in irgendeiner Weise Anlaß zur Eifersucht geben wollte. Wirtschaftlich gab es bei mir keine Schwierigkeiten, was ja auch nicht unwichtig ist.

Ich hoffe, daß es ein Weiterleben nach dem Tode gibt. Ob ich es glauben kann? Kurz nach dem Tode habe ich es zu glauben versucht, um den Trennungsschmerz zu überstehen. Heute hat sich mein Leben sehr verändert, weil ich eine neue Beziehung habe, in der ich mich sehr aufgehoben fühle.

Die Grabstelle hat nie viel für mich bedeutet. Wenn ich meinen Mann gesucht habe, hab' ich ihn zu Hause in meinen vier Wänden gesucht. Für mich war das Zuhause eine Burg, dort fühlte ich mich geborgen.

Unseren Lebensstil haben mein Sohn und ich weitgehend beibehalten. Natürlich fehlte mein Mann überall, und vor allem die Feiertage, Geburtstage und so, das war alles nicht mehr wie früher. Wir haben die Mahlzeiten immer zusammen eingenommen. Ich habe auch versucht, alles in Ordnung zu halten, um nicht den Boden unter den Füßen zu verlieren.

Damals habe ich überlegt, ob ich noch eine Berufsausbildung auf mich nehmen sollte. Ich dachte an Sozialpädagogik oder etwas in dem Sinne, aber das war sehr kompliziert. Daraufhin habe ich dann zunächst versucht, in die Vorschularbeit einzusteigen. Dann kam die Begegnung mit meinem jetzigen Lebenspartner, der ein Freund meines Mannes gewesen war und mir bei den juristischen Angelegenheiten geholfen hatte. Darüber hat sich langsam unsere Beziehung entwickelt.

Es war nicht leicht für mich, eine neue Partnerschaft einzugehen, aber am Anfang hat mir sehr die Tatsache geholfen, daß es sich um einen Freund meines Mannes handelte. Zuerst ist es mir auch sehr schwer gewesen, das Haus zu verlassen und den Wohnort zu wechseln, doch heute leben wir in unserem neuen Haus und sind sehr glücklich dort.

Kurz nach dem Tod meines Mannes hat es mir schon sehr weh getan, wenn ich in der Nachbarschaft sah, daß die Männer abends nach Hause kamen. Ich hatte keine Geschwister, keine Eltern mehr, stand plötzlich mit meinem Sohn ganz allein da. Ich mußte kämpfen, daß der Junge nicht über meinen Kopf hinweg bestimmte, denn er war schon 18 Jahre alt, und früher war mein Mann eigentlich mehr die Autorität gewesen. Aber wir lebten beide zusammen in unserem Haus und mußten entsprechend Rücksicht aufeinander nehmen. Irgendwann gab es dann schulische Probleme, und das hat mir sehr zu schaffen gemacht. Ich glaube auch, daß es immer wieder Ereignisse wie Abitur oder Heirat gibt, die besonders schmerzhaft sind, weil man es nicht mehr gemeinsam erleben kann.

Bei anderen Todesfällen habe ich mich immer zurückgehalten. Ich schaffe es auch heute kaum, zu Beerdigungen zu gehen.

Von den vielen Erinnerungsstücken ist mir eine kleine Dose besonders wichtig, die mir mein Mann einmal geschenkt hat. Dabei hat er gesagt: „Möge dein Kummer nie größer sein, als da hineinpaßt.“ Diese Dose ist mir beinahe heilig. Einige andere Dinge, die er mir geschenkt hat, sind mir ebenfalls wichtig, zum Beispiel eine Vase für eine einzelne Rose. Sie steht heute ständig neben seinem Bild auf dem Sekretär.

Schuldgefühle habe ich nie gehabt, weil wir unsere Ehe ganz bewußt gelebt haben und weil ich ihn ja sehr geliebt habe.

Nach dem Tod bin ich selbständiger geworden, und auch mein Selbstbewußtsein hat zugenommen. Das hat nichts mit meinem Mann zu tun, denn er hat mich wirklich neben sich wachsen lassen, und ich habe mich bei ihm immer als Partnerin gefühlt.

Wenn ich heute jemand raten sollte, der in einer ähnlichen Situation steht, hätte ich Probleme damit. Aus meiner Erkenntnis würde ich sagen, daß im Grunde jeder das tun muß, was für ihn richtig ist. Da gibt es meines Erachtens überhaupt keine Regel, daß man sich so oder so verhalten sollte. Es gibt die unsinnigsten Sachen, die man macht, um mit dem Verlust fertigzuwerden.

Ich bin in dieser Hinsicht sehr viel toleranter geworden. Wer meint, er kann sofort etwas unternehmen, soll es tun – und wer sich vor anderen abschließt, wird es auch brauchen. Wichtig war für mich, daß ich lernte, mit Tiefpunkten umzugehen. Als hilfreiche Erfahrung könnte ich vielleicht weitergeben, daß nach einer Zeit – etwa nach einem Jahr oder so – einen der Schmerz nicht mehr zerreißt; man lernt, mit dem Schmerz zu leben.

Für mich war es anfangs nicht möglich, von Freunden Einladungen anzunehmen. Ich habe aber zu meinen Freunden immer gesagt: „Bitte, ich kann es jetzt noch nicht, aber vergeßt mich nicht ganz, vielleicht bin ich in einem Jahr soweit". Für mich ist es auch wichtig gewesen, daß ich mehrere gute Freunde hatte, bei denen ich mich aussprechen konnte, denn irgendwann lassen bei jedem die Kräfte nach, immer wieder zuzuhören.

Ich erinnere mich auch, daß ich nach alleinstehenden Frauen Ausschau gehalten habe, um gemeinsam etwas unternehmen zu können. Aber das alles fing erst lange Zeit nach dem ersten Schmerz an. Schlimm war es immer wieder, wenn ich allein nach Hause kam – und das habe ich auch heute noch nicht ganz überwunden.

Ich denke, daß es gut ist, wenn man sich kontinuierlich um einen kümmert, und ich habe an mir die Erfahrung gemacht, daß in der Regel die kurzen Besuche die hilfreichsten sind. Als Trauernde will und muß man auch allein sein, um seinen Schmerz ausweinen zu können und um nicht überfordert oder zu stark abgelenkt zu werden.

In den elf Jahren seit dem Tod meines Mannes hat sich fast alles verändert. Ich habe mehr Abstand gewonnen, kenne aber auch heute noch Situationen, die mich sehr schmerzlich berühren. In solchen Momenten bin ich besonders dankbar, daß ich mit meinem jetzigen Lebenspartner über meinen Kummer sprechen kann, ohne Angst haben zu müssen, ihn damit zu verletzen. Für diese Lebensgemeinschaft bin ich dem Schicksal sehr dankbar.

Ich habe mir gewünscht, nicht mehr so lange hierbleiben zu müssen

Eva F.

Eva hat mit 21 Jahren geheiratet. Ihr Mann besaß ein Baugeschäft, in dem sie als verantwortliche Schreibkraft mitgearbeitet hat. Eva ist vor der Ehe nicht berufstätig gewesen. Mit 58 Jahren ist sie verwitwet; ihr Mann starb 64jährig an Herzversagen. Sie haben eine verheiratete Tochter. Eva lebt seit zwei Jahren allein.

Mein Mann hatte mit 45 Jahren seinen ersten Herzinfarkt. Mit 52 Jahren bekam er den zweiten Infarkt, und seitdem hat er sehr auf seine Gesundheit geachtet und sich geschont. Oft ist er in unserem Jagdhaus im Harz gewesen, hat die Natur genossen und war sehr zufrieden dabei. Ich konnte selten mitfahren, weil ich noch eine alte Tante zu versorgen hatte, die damals bei uns wohnte. Das hat mein Mann verstanden, und ich freute mich, daß ihm das Alleinsein guttat.

Vor seinem Tod ist er immer schwächer geworden. Er konnte so vieles nicht mehr machen, weil ihm die Kraft dazu fehlte. Es wurde noch eine Bypass-Operation durchgeführt, die auch ganz gut verlaufen ist, aber das Gefäßsystem war schon zu stark geschädigt.

Trotz seiner fortschreitenden Krankheit haben wir immer noch Hoffnung gehabt, bis zuletzt. Man will es ja nie glauben, daß es zu Ende geht. Kurz vor seinem Tode ist er dann noch ins Krankenhaus eingeliefert worden. Ich habe dort ein Zimmer bekommen und konnte die ganze Zeit bei ihm bleiben. Das hat mich sehr beruhigt, auch wenn ich sonst nichts tun konnte. Als er dann eingeschlafen war, saß ich ganz erstarrt da. Ich habe es nicht fassen können. Es war alles ganz leer, und ich erinnere mich gar nicht mehr, was anschließend alles passiert ist.

Mein Mann hat wohl gewußt, daß er sterben mußte, aber er hat nicht mit mir darüber gesprochen. Vielleicht wollte er es mir nicht so schwer machen. Zum Schluß hat er noch versucht, mir etwas zu sagen – er konnte ja kaum noch sprechen –, aber ich habe ihn nicht mehr verstehen können. Erst später, als ich zu Hause war, habe ich es gewußt. Das macht mich noch heute traurig, wenn ich daran denke, und zwar deshalb, weil ich nicht geantwortet habe. Vielleicht hätte ihn das noch gefreut.

Nach dem Tod war lange Zeit diese schreckliche Leere in mir. Ich kann das nicht anders beschreiben. Und dann hatte ich das Gefühl, daß ich nicht mehr dazu gehörte, daß ich ausgeschlossen war. Es gab eigentlich keine direkte Veranlassung dazu, aber das Gefühl war da. Auch wenn ich mit befreundeten Ehepaaren zusammen war, fühlte ich mich überflüssig, irgendwie als Außenstehende.

Ich hatte immer wieder ein bestimmtes Bild im Kopf: Da war eine Erdkugel, ein Globus vor mir, ganz weit entfernt, und ich stand ganz allein im dunklen Raum. Um mich herum war alles nur schwarz, keiner war bei mir, keiner war zu sehen, nur dieser dunkle Raum um mich herum ...

Geträumt habe ich nie von meinem Mann. Einmal aber hatte ich das Gefühl, daß er direkt neben mir steht. Da hatte sich ein Ring um meinen Arm gelegt, ein kalter Ring, und ich wußte, daß er neben mir steht.

Bis heute habe ich keine Bilder von ihm aufstellen können. Wenn ich trotzdem mal zufällig ein Foto von ihm sehe, erschrecke ich sehr und drehe es um.

Zu Anfang konnte ich überhaupt nicht in unseren Garten gehen, weil er ihn so geliebt hat; es mußte auch alles so stehenbleiben, wie es von ihm angelegt und gepflegt worden war. Besonders traurig war ich immer, wenn ich die Vögel singen hörte, weil er das nicht mehr hören konnte, und ich nahm auch kaum wahr, was blühte und wuchs. Ich hatte gar kein Interesse mehr dafür. Mir fällt es immer noch schwer, spazieren zu gehen, weil wir das immer gemeinsam gemacht haben, und wir haben es sehr gern getan ... Wir konnten uns so viel mitteilen dabei, weil mein Mann alles kannte und es mir erklärte.

Heute wünsche ich mir oft, daß wir uns mehr Zeit genommen hätten und nicht immer so beschäftigt gewesen wären. Man kann ja nichts mehr nachholen.

Ein halbes Jahr nach dem Tod meines Mannes ist meine Mutter gestorben. Ich hätte sie so gerne gepflegt und bei mir gehabt, aber ich hatte keine Kraft dazu. Das macht mich besonders traurig, weil ich so wenig für sie tun konnte, wo wir doch ein so inniges Verhältnis zueinander hatten.

Ich bin noch heute sehr empfindlich gegen Unruhe und ziehe mich immer zurück, wenn es laut wird. Ich mag auch keine fröhliche Musik mehr. Klassische Musik dagegen tut mir gut. In der ganzen Zeit, seit ich allein bin, habe ich viel gelesen, vor allem Bücher, die mit Trauer zu tun haben. Aber ich habe nicht mit anderen über meine Situation sprechen können. Das tat mir alles zu weh. Nur mit meinen Schwestern habe ich manchmal gesprochen. Aber wer kann da schon mitfühlen, wenn er das noch nicht erlebt hat.

Die Grabstelle ist ganz schlicht angelegt; mit Heidekraut und so, wie mein Mann es geliebt hätte. Es sollte alles ganz natürlich bleiben. Zu Anfang bin ich kaum zum Friedhof gegangen. Heute gehe ich öfter hin, aber es wird mir immer noch schwer dabei.

Ich stelle mir oft vor, daß die Toten eine eigene Welt haben, wo sie sich auch wiederfinden. Es gibt eine Welt der Toten und eine Welt der Lebenden, und ich bin noch hier. Ich habe mir auch schon mal gewünscht, daß ich nicht mehr so lange hierbleiben muß, und ich glaube auch fest daran, daß wir uns wiedersehen. Für mich gibt es ein Jenseits, wo sich dann alle wieder begegnen. Vielleicht sollte ich auch mal mit einem Pfarrer sprechen. Jetzt könnte ich das.

Zu Anfang habe ich mich gefürchtet, allein im Hause zu sein. Daraufhin habe ich einen Mieter zu mir ins Haus genommen. Es ist beruhigend, wenn ich weiß, daß ein Mensch da ist; wenn ich nur Schritte höre oder den Wasserhahn ... auch wenn man nicht viel miteinander spricht.

Seit kurzem geht es mir wieder etwas besser. Ich kann mich auch schon manchmal über etwas freuen, und ich denke, daß ich auch wieder allein etwas unternehmen werde, wenn mein kleiner Dackel nicht mehr da ist.

Am schlimmsten ist für mich, daß ich mich nicht mehr direkt mitteilen kann, daß ich niemandem erzählen kann, was ich getan und erlebt habe.

Es fällt mir sehr schwer, bei Trauerfeiern und Beerdigungen dabei zu sein. Dann muß ich schrecklich weinen, was ich sonst gar nicht kann, auch wenn meine Augen morgens oft feucht sind. Der Gedanke, daß ich meinen Mann so lange haben durfte, tröstet mich manchmal, und ich bin sehr dankbar für dieses Geschenk. Wir haben uns auch wirklich gut verstanden. Vielleicht habe ich auch deshalb keine Schuldgefühle, denn ich habe viel für ihn getan.

Ich habe manchmal darüber nachgedacht, ob die Operation noch sinnvoll gewesen ist. Die hat ihn nur geschwächt und keinerlei Besserung gebracht. Vielleicht hätte er sonst noch etwas länger leben können. Aber zum Schluß hat er schon sehr gelitten, und da war es dann gut, daß er sich nicht mehr quälen mußte.

Finanziell geht es mir gut. Ich hab' auch keine besonderen Wünsche mehr, und Reisen interessieren mich ohnehin nicht, weil ich am liebsten zu Hause bin. Es ist schön, wenn ich dann manchmal für jemand kochen und sorgen kann. Für mich selber koche ich kaum, esse meistens Brot – und oft im Stehen in der Küche.

Zu Hause habe ich so gut wie nichts verändert. Es fällt mir immer noch schwer, im Wohnzimmer zu sein, denn wir haben meist zusammen dort gesessen. Ich denke aber, daß das wieder besser wird.

Meine Freunde, auch die Nachbarn, haben mir sehr beigestanden. Aber sie können nicht ersetzen, was ich verloren habe. Am meisten fehlt mir die Geborgenheit. Ich kann mir auch nicht vorstellen, jemals wieder mit einem anderen Menschen zusammenzuleben, weil ich Angst hätte, ihn wieder zu verlieren.

Wenn ich heute Ehepaare sehe, denke ich immer daran, daß die Frauen alles noch vor sich haben – und daß ich ihn so lange haben durfte.

Ich habe immer viel gebetet, und das hat mir auch Trost gegeben.

Wie meine Tochter mit dem Tod fertig geworden ist, weiß ich nicht. Wir sprechen nicht darüber. Das beste wäre, meinen Schwiegersohn zu fragen. Ja – um meinen Schwiegersohn mache ich mir große Sorgen, weil er so viel am Halse hat und sich nicht genug schont.

Zu Anfang, als alles geregelt werden mußte, hatte ich keine Zeit, nachzudenken. Da war viel zu tun, denn auch die geschäftlichen Angelegenheiten mußten geregelt werden. Später hat es mir dann geholfen, daß ich wußte, da sind Menschen, die sind für dich da, wenn du sie brauchst. Heute versuche ich meine Erfahrungen an andere weiterzugeben. Ich weiß ja, wie einem zumute ist, weil ich es selbst erlebt habe.

Ich lebe nur noch in der Gegenwart, denn ich weiß ja nicht, was die Zukunft bringt. Ich mache mir auch keine Gedanken, was im Alter wird ... vielleicht werde ich ja auch nicht so alt.

Meine Enkelkinder machen mir viel Freude. Aber sie sind sehr lebhaft, und das kann ich noch nicht so gut haben. Alles was laut ist, tut mir eben weh. Auch die Sonne tut mir weh. Ich bekomme davon zuweilen richtige Kopfschmerzen. Von der Trauerfeier weiß ich so gut wie nichts mehr. Ich muß damals wohl ganz benommen gewesen sein.

Ein halbes Jahr nach dem Tod habe ich meine schwarzen Sachen gegen gedeckte Kleidung getauscht, aber grelle Farben kann ich bis heute noch nicht haben.

Dieses Gespräch ist mir schwer geworden, aber ich glaube, es hat mir auch geholfen. Es tut gut, mal über alles sprechen zu dürfen, und ich hoffe ja, daß es mit mir auch besser wird. Ich werde bestimmt versuchen, mehr mit anderen gemeinsam zu unternehmen.

Wir hatten so wenig Zeit füreinander

Jutta R.

Mit 27 Jahren hat Jutta ihren zwölf Jahre älteren Mann geheiratet, sie hat zwei Töchter und einen Sohn. Vor und zum Teil auch während der Ehe ist sie als Schauspielerin und Sprecherzieherin tätig gewesen. Ihr Mann war Jurist in eigener Praxis, starb mit 74 Jahren nach einer Operation wegen eines Sportunfalls an einer Lungenembolie. Jutta ist seit drei Jahren allein und arbeitet im Bereich Sprecherziehung/Rhetorik in der Erwachsenenbildung, außerdem leitet sie einen Gesprächskreis in der evangelischen Frauenhilfe.

Den Tod meines Mannes habe ich sehr schmerzlich betrauert, nicht nur, weil er nicht mehr bei mir war, sondern vor allem, weil er nicht miterleben konnte, wie sich seine Kinder weiterentwickelt haben.

Die älteste Tochter fand unmittelbar nach seinem Tod ihren Lebenspartner und hat geheiratet, obwohl das Trauerjahr noch nicht um war. Ich habe es auch unendlich bedauert, daß Walter nicht mehr erleben konnte, daß sein zweiter Enkelsohn geboren wurde. Das war das Kind unseres Zweitältesten. Wir haben drei Kinder, zwei Töchter und in der Mitte einen Buben. Das Wesentliche für mich ist eigentlich, daß ich nicht nur Walters Nähe vermisse, sondern daß ich bei allem Schönen, das mir begegnet, immer wieder sage, „ach, wenn er das doch noch hätte sehen und wir auch diese Freude hätten teilen können", oder „ach wie gut, daß er dies nicht erleben mußte". Natürlich war die Verantwortung, die ich mit dem großen Geschäftshaus übernommen habe, sehr belastend für mich, aber sie kam mir auch sehr gelegen, weil ich damit gefordert und abgelenkt wurde. Ich habe immer wieder gedacht, wie würde es mein Mann machen, aber ich mußte mich auch durchringen, etwas gegen seinen vermuteten Willen zu entscheiden, denn ich fand manches einfach vernünftiger. Dabei hatte ich oft ein schlechtes Gewissen, weil ich mir immer wieder vergegenwärtigte, wie sehr ich mit ihm hätte kämpfen müssen, wenn er noch gelebt hätte.

Ich könnte sagen, daß manches ohne ihn leichter, anderes dagegen schwerer geworden ist, ganz einfach, weil ich die Verantwortung für alles jetzt alleine tragen mußte. Mein Mann war in wirtschaftlichen Dingen – allein schon durch seinen Beruf bedingt – ein übervorsichtiger Mensch. Er war auch sehr sparsam, was gewiß auf seine eigene Lebensgeschichte zurückzuführen ist.

Er war Anwalt und Notar und hat seinen Beruf sehr intensiv und sehr verantwortungsbewußt ausgefüllt. Seine Praxis hatte er schon stark verkleinert, so daß es für mich verhältnismäßig einfach war, sie aufzulösen beziehungsweise sie zu übergeben. Da gab es junge Anwälte, die sie sofort übernommen haben.

Diese Veränderung mit den fremden Menschen war nicht so schmerzhaft wie später der Anblick, als mein Sohn in den Räumen des Vaters an dessen Schreibtisch saß, weil er sein eigenes Büro dort eingerichtet hatte. Das fiel mir doch sehr schwer! Aber ich konnte dieses Gefühl mit meinem Sohn teilen, der das auch so empfand. Was uns so weh tat war, daß mein Mann nicht mehr sehen konnte, wie sein Sohn in seine Fußstapfen trat. Auch Erinnerungen an all die vergangenen, ja doch schweren Aufbaujahre, wenn mein Mann abends spät noch an diesem Schreibtisch saß, um zu arbeiten, und ich allein war, taten mir weh.

Wir hatten bei seiner beruflichen Belastung wenig Zeit füreinander. Er selbst konnte seine Probleme nicht aufarbeiten und auch ich nicht. Es war eigentlich keine Zeit da. Wir konnten gerade die Sorgen um die Kinder besprechen, aber unsere eigenen Bedürfnisse kamen ständig zu kurz. Das hat mir sehr gefehlt, und wir hatten zeitweise sogar verlernt, über unsere ganz persönlichen Belange zu sprechen. Trotzdem war unsere Ehe in Ordnung, wohl auch, weil wir in unseren Ansprüchen recht bescheiden waren.

Von daher haftet mir auch immer noch ein Schuldgefühl an, heute mehr als früher, daß ich mich nicht genug um ihn habe kümmern können, daß er zu kurz gekommen ist; daß ich ihn vielleicht auch zu sehr belastet habe mit all den Ansprüchen an das Leben, an Entwicklungsmöglichkeiten, die ausgenutzt werden mußten für die Kinder. Da ist mein Schuldgefühl beträchtlich! Meine Vorstellungen waren ihm oft zu kompliziert, er hätte sein Leben sicher einfacher und bescheidener gestaltet, als ich das gewünscht und getan habe. Ich bedauere sehr, daß wir uns so wenig Zeit füreinander genommen haben. Wir hatten uns ja auch gefreut auf die Zeit, in der wir mehr zusammen unternehmen wollten, nämlich wenn die Kinder aus dem Haus wären und er auch beruflich hätte kürzer treten können.

Mein Mann las sehr gern, beschäftigte sich mit Philosophie – ich wäre gerne mehr gereist, hätte gern auch mehr gelesen, und wir hätten sicher auch tiefere Gespräche führen können, zu denen wir aufgrund der praktischen Belange, die uns immer gefordert haben, nicht gekommen waren. Eigentlich muß ich sagen, daß ich meinen Mann in einigen Bereichen zu wenig kennengelernt habe, was sich nun nicht mehr nachholen läßt. Andererseits habe ich ihn natürlich sehr genau gekannt.

Ein gewisses Schuldgefühl ihm gegenüber war schon vor seinem Tod da, jetzt aber, seit er nicht mehr da ist, hat es sich sehr verstärkt. Ich empfinde es als ganz schmerzlich, daß ich absolut nichts mehr für ihn tun kann, und ich bitte ihn an seinem Grab immer wieder um Vergebung, auch heute nach drei Jahren noch.

Ich gehe gern auf den Friedhof. Ich weiß, daß ich ihm dadurch körperlich nicht näher bin, aber er ist mir näher in dem Bild, das vor mir steht.

Natürlich ist er auch zu Hause bei mir. Es ist sein Elternhaus, das ich da versorge, seine Aufgabe, die ich übernommen habe. Deswegen möchte ich die Wohnung auch nicht aufgeben, obwohl sie für mich allein viel zu groß ist.

Auf dem Friedhof sehe ich manchmal noch das Bild vor mir, wie er im Bleisarg lag. Er mußte ja von Österreich, wo der Unfall geschehen war, nach Deutschland überführt werden, und da ist ein Bleisarg Vorschrift. Es war auch eine Obduktion angeordnet, die mir sehr zu schaffen gemacht hat, denn ich wußte genau, daß er nichts davon gehalten hätte, weil man den Verstorbenen ruhen lassen sollte. Diese Obduktion mußte aber sein, weil nicht klar war, ob er an Herzversagen, einem Vorleiden oder an einer Embolie infolge der Operation nach dem Unfall verstorben war. Das war aber aus versicherungstechnischen Gründen wichtig.

Innerhalb von zehn Minuten war sein Tod infolge der Embolie eingetreten, und ich konnte nicht bei ihm sein. Ich wurde erst eine Stunde danach, morgens um sieben Uhr, zum Krankenbett gerufen. Es traf mich alles sehr plötzlich, weil seit der Operation schon 14 Tage vergangen waren, er auf dem Weg der Besserung war und am Tag vorher zu mir gesagt hatte: „Ich glaube, jetzt hab' ich es gepackt!" Am Morgen darauf ist er dann gestorben.

Es hilft nicht, darüber zu rechten, warum das geschehen ist. Ich denke, es ist Fügung ... es sollten vielleicht auch alle Seiten daran wachsen. Sein Tod ist vielleicht auch Vorbereitung für meinen künftigen Tod. Ich gehe nun leichter hinüber ... Ich freue mich für ihn, daß er zu ... ja, zu unserem Gott ... eingegangen ist, davon bin ich überzeugt, und ich fürchte mich persönlich nicht vor dem Tod, sondern ich freue mich auf die Zeit des Hinübergehens. Ich weiß nicht, ob ich da zu große Worte sage, aber ich glaube, daß ich Hilfe von Jesus Christus als dem Licht bekommen werde, das mich hinüberführt und hinüberleitet in das neue Leben. Ich habe die unbedingte Gewißheit, daß ich meinen Mann wiederfinde, aber in anderer Form, nicht in der gewesenen Gestalt, sondern in einer Form, die wir uns nicht vorstellen können. Ich habe die Hoffnung, daß er mich erwartet, ein Teil des Lichtes sein wird, das mich hinüberführt.

Ich erwarte auch meine Mutter, mit der ich innig verbunden war. Ihr Bild steht neben Walters Bild. Auch ihr Tod war damals schwer für mich. Es war ein langes, qualvolles Sterben für sie.

Wenn ich mit meinem Mann an seinem Grab spreche, weiß ich nicht, ob er mich hört. Er spricht nicht zu mir, aber ich glaube daran, daß er mir verzeiht. Ich versuche immer, mir vorzustellen, was er gesagt haben würde. Ich bin mir darüber klar, daß das nicht seine Sprache ist, aber es hilft mir trotzdem.

Die Kinder haben seine Autorität anerkannt, aber er ließ sie doch sehr selbständig sein, äußerte zwar seine Wünsche ihnen gegenüber, aber er zwang sie nicht zu irgendetwas. Ich war da schon etwas nachdrücklicher.

Die Kinder sind mir eine große Stütze gewesen. Ich sehe in ihnen einen Teil meines Mannes. Das ist er, er spricht zu mir durch die Kinder. Sie waren alle sehr traurig und betroffen von seinem Tod, und wie sie mich weinen sahen, haben sie mich sehr lieb getröstet. Aber sie sind jetzt nur selten bei mir. Wenn sie jetzt den Geburtstag oder den Todestag vergessen, kann ich das nur deshalb verstehen, weil sie eben eine andere Bindung – nämlich die Kind-Vater-Beziehung – erlebt haben und nicht eine so langjährige Partnerbeziehung, und weil sie ganz und gar beschäftigt sind mit ihren eigenen Problemen. Trotzdem empfinde ich ihr Vergessen als sehr schmerzlich, fühle mich allein gelassen, weil diese beiden Tage ganz besondere Tage für mich sind.

An den Weihnachtstagen, die wir immer besonders festlich und besinnlich verlebt haben, da fehlt mir Walter auch besonders. Die ersten Jahre ohne meinen Mann habe ich Weihnachten mit meinen Kindern zusammen verbracht, aber sie waren nicht so harmonisch wie gewohnt, so daß ich denke, sie sollen das Weihnachtsfest mit ihren Familien allein feiern, und ich komme nur gelegentlich zu Besuch. Die Vergangenheit läßt sich nicht wiederholen.

Was mich aber nach dem Tode meines Mannes so beeindruckt hat, ist, daß ich meinen Kindern mehr nachgebe, weil ich denke, so plötzlich wie der Tod von Walter mich getroffen hat, kann mich auch der Tod eines meiner Kinder treffen. Und dann würde ich mir Vorwürfe machen, daß ich manchmal zu streng zu ihnen gewesen bin und ihnen Dinge versagt habe, die ihnen vielleicht am Herzen gelegen haben. Sie brauchen diese Hilfe jetzt, und wer weiß schon, wie lange ich sie ihnen noch geben kann.

Meine Kinder nehmen mich sicher auch heute noch – drei Jahre nach dem Tod – als Trauernde wahr. Ich denke, daß das vor allem meine jüngste Tochter belastet, zumal sie im Zimmer ihres Vaters schläft, wenn sie zu Besuch nach Hause kommt. Sie hat mich vor kurzem gebeten, nun endlich das Zimmer des Vaters zu verändern, weil sie sonst immer schmerzlich an ihn erinnert wird und ihr dadurch das Nachhausekommen erschwert wird.

In meiner Wohnung hat sich Grundsätzliches nicht verändert. Ich habe aber viele Dinge erneuert, wie das immer mal wieder notwendig wird, Änderungen, die wir auch gemeinsam vorgenommen hätten. Den Lebensstil aber habe ich beibehalten und das ist auch wichtig für mich.

Seit dem Tod meines Mannes habe ich mich stark verändert. Ich bin nicht mehr so positiv und so unbeschwert. Ich war immer ein sehr fröhlicher, impulsiver Mensch ... ich bin vorsichtiger, besinnlicher, zurückhaltender, ihm ähnlicher geworden, auch ... ja eben trauriger. Ich glaube schon, daß man mir das auch anmerkt.

Zurückgezogen habe ich mich aber nicht, denn mich rufen meine beruflichen Pflichten, die ich nach wie vor gerne ausfülle. Ich arbeite als Sprecherzieherin, und der Umgang mit Menschen macht mir viel Freude. Mein Beruf hat mir in all der Zeit sehr geholfen. Vor allem kurz nach dem Tod – etwa 14 Tage später – hatte ich ein Seminar zu halten, das ich am liebsten abgesagt hätte. Ich habe es aber nicht getan, weil ich gedacht habe, ich brauche diese Öffnung nach außen, ich kann mich mit dem Kummer, mit meiner Trauer nicht nach innen verschließen. Ich glaube, daß ich sogar ganz gut über die Runden gekommen bin. Aber es war schon sehr strapaziös, mich für die

Sorgen und Nöte der anderen zu öffnen und ihnen zu helfen, anstatt an mich selber zu denken. Aber ich habe in den vergangenen Trauerjahren immer wieder erlebt, daß es am besten hilft, anderen in ihren Kümmernissen beizustehen und dadurch eigene Trauer oder eigenes Leid und Probleme zu überwinden.

Vor meiner Ehe war ich Schauspielerin und hatte zunächst gehofft, daß ich auch in der Ehe meinen Beruf teilweise ausüben könnte. Aber durch die Belastungen mit dem großen Geschäftshaus und den Kindern war es für mich wichtiger, daß ich auf diesem Gebiet „schöpferisch" tätig war – nämlich meine Kinder zu erziehen – und habe bis auf einzelne Rezitationsabende nichts mehr gemacht. Später, als meine Kinder ins Studium gingen, wurde ihre Mutter auch Studentin, und alle haben sich daran gefreut, auch mein Mann, der immer gerne gesehen hätte, daß ich Jura studiert hätte und sein Sozius geworden wäre. Aber ich bin Sprecherzieherin geworden. Mein Mann hat die Studienzeit sehr mit Wohlwollen begleitet. Durch diese Zeit sind nicht nur meine Kinder, sondern auch mein Mann im Haushalt selbständiger geworden. Sie haben lernen müssen, selbst zurechtzukommen, und haben mir in der Zeit des Examens sehr viel Zeit verschafft.

In den Familienurlauben war es nicht immer ganz einfach, deshalb hatten wir uns darauf gefreut, häufiger allein Reisen zu unternehmen. Mein Mann allerdings wollte nie länger als zwei Wochen von zu Hause fort, schon wegen des Berufs und der Sorge um das Haus. Heute kann ich diese Einstellung erst richtig verstehen, weil ich jetzt selbst die Verantwortung tragen muß, ... und länger als drei Wochen habe auch ich heute keine Ruhe.

Der Tod meines Mannes kam vor allem auch deshalb zu früh, weil wir ja nun, nachdem die Kinder erwachsen waren, eine neue Lebensphase begonnen hatten. Ich bedauere sehr, daß uns nicht mehr Zeit vergönnt war. Wir hatten uns so viel vorgenommen!

Mein Mann hatte schon seit vielen Jahren sein Testament gemacht, aber ich habe es doch vermißt, daß es kein Vermächtnis gab. Ich habe daraufhin eins für meine Kinder geschrieben, das ich allerdings noch verändern und erweitern möchte. Ich möchte ihnen mitteilen, was mir am Herzen liegt; möchte ihnen sagen, daß sie füreinander da sein sollen.

Die Kinder waren bei der Trauerfeier sehr besorgt um mich. Die älteste Tochter, die Musik studiert hat, hat die Trauerfeier mit ihrem ehemaligen Flötenlehrer musikalisch gestaltet. Mich hat die Verbundenheit meiner ältesten Tochter mit ihrem Vater sehr berührt und getröstet. Überhaupt, was ich an Trost erfahren habe von anderen Menschen, war überwältigend. Ich hatte mich früher immer gegen eine große Beerdigung gewehrt, aber bei einem Gespräch mit meinem Mann darüber, das wir gelegentlich einmal geführt hatten, wünschte er sich eine richtige Beerdigung mit Trauerfeier, wie das üblich ist. Ich muß sagen, daß er recht gehabt hat. Ich war doch sehr erstaunt, wieviel Wertschätzung sichtbar und mir gegenüber spürbar wurde, von Menschen, die ihn gekannt haben, denen er geholfen oder für die er gewirkt hatte. Ich war tief bewegt, und das Mitgefühl dieser Menschen hat mich getröstet.

Mein Mann hatte keine ihm sehr nahestehenden Freunde, das habe ich ein wenig vermißt. Meine Freunde, die auch ihm verbunden waren, haben sich sehr um mich bemüht, zum Teil sogar aufmerksamer und dauerhafter als meine Kinder. Sie schreiben auch heute noch zu den mir wichtigen Terminen und drücken eine Anteilnahme aus, die mich berührt und tröstet. Ich spüre, sie wissen, was ich verloren habe, und ich kann sehr gut mit ihnen über den Tod meines Mannes sprechen, was ich mit meinen Kindern bewußt nicht mehr tue.

Für mich hat mein Mann, da mein Vater noch vor meiner Geburt starb, auch ein bißchen Vaterstelle vertreten. Er war zwölf Jahre älter als ich, und außerdem waren wir in den Temperamenten sehr unterschiedlich. Bei seinem Tod, als ich in das Sterbezimmer trat, habe ich immerzu „Vater, Vater" gesagt, wobei ich auch Gottvater meinte. Ich war selbst erstaunt darüber, aber in der Situation gab es auch diesen Gedanken, daß hier ja auch ein Teil meines Vaterbildes dahingegangen ist. Ich habe für ihn gebetet: „Vergib, Vater, alle seine Schuld, nimm ihn auf zu Dir", und hatte das Gefühl, daß ich ihn damit ausgesegnet habe.

Unmittelbar nach dem Tod - wir waren ja im Ausland - mußte ich kurzfristig entscheiden: Überführung, Obduktion - ja oder nein - ich habe mich von dem leitenden Chirurgen überzeugen lassen, daß eine Obduktion erforderlich war. Ich konnte also nicht warten, bis die Überführung stattgefunden hatte. Ich saß nur wenige Stunden später im Auto, um nach Hause zu fahren, und ich hatte das Empfinden, jetzt verläßt du deinen Mann. Du läßt ihn im Stich und läßt ihn allein bei dieser letzten schwierigen Aufgabe. Das war eine ganz schlimme Heimfahrt ...

Schon wenige Monate nach dem Tod bin ich mit meinem Sohn und seiner Familie ins Ausland verreist. Durch das Zusammensein mit den Kindern wurde meine Aufmerksamkeit auf andere Dinge gelenkt, ich habe mich sicherlich zu wenig mit meiner Trauer beschäftigt. Ich hätte vielleicht doch besser allein zu Hause bleiben sollen, denn es war mir ja gar nicht nach fröhlicher Ferienstimmung zumute.

Zu schaffen machen mir nach wie vor Geburtstage von Ehemännern, die noch da sind, zum Beispiel von meinem Schwager, der drei Tage älter als mein Mann ist. Da empfinde ich solche großen Geburtstagsfeiern schon als sehr schmerzlich. Neid kann ich das eigentlich nicht nennen, sondern es ist das Bedauern, daß es Walter nicht vergönnt war, länger leben zu dürfen und seine Geburtstage mit uns zu feiern, denn er feierte sie sehr gerne.

Menschlicher Trost ist mir sehr wertvoll gewesen, aber noch wichtiger für mich ist der Gedanke, daß er eingegangen ist zu

Gott und daß ich ihm gerne nachfolgen werde. Das ist mir ein größerer Trost. Trost war mir auch das theologische Gespräch vor der Beerdigung, das wir mit unserem Pfarrer hatten. Dieses Gespräch hat die Kinder in ihrer eigenen religiösen Entwicklung vorwärts gebracht. Sicherlich sind sie durch das Erlebnis des Todes ihres Vaters bei der Suche nach Gott auf den Weg gebracht worden. Das war mir eine tiefe Freude. Für mich selbst war die Auseinandersetzung mit dem Tod eine entscheidende Glaubenserfahrung. Ich bin fester im Glauben geworden. Ich war immer sehr im Zweifel und habe mich oft gefragt, ob es ein Weiterleben nach dem Tod gibt. Ich habe dieses Geschenk Gottes gar nicht fassen können, das mir durch diese Erfahrung zuteil geworden ist. Ich weiß jetzt, daß ich beruhigt sein kann, selbst hinüberzugehen, und ich bin auch überzeugt, daß meine Gebete für Walter ankommen.

Ich habe wenig weinen können, weiß jedoch, wie wichtig es ist, weil sich dadurch die Verkrampfung lösen kann. Aber ich wurde ja immer tatkräftig gefordert und habe das Weinen sicher auch in dem Bewußtsein unterdrückt, daß es ja Mitleid mit sich selbst ist. Ich habe es wohl auch deshalb nicht zulassen wollen, weil ich andere nicht in Verlegenheit bringen und mich der Gefahr nicht aussetzen wollte, nicht verstanden oder gar verletzt zu werden. Schließlich kann ich mich nur den Menschen gegenüber öffnen, die mir nahe stehen, die mir vertraut oder besonders zugetan sind.

Wenn ich mit anderen Ehepaaren zusammen bin, denke ich oft, ob sie sich des Wertes bewußt sind, noch beieinander sein zu dürfen. Wir waren uns unseres Glückes sehr bewußt, denn mein Mann hatte vor unserer Ehe schon zwei Frauen an den Tod verloren. Wir haben immer darum gebetet, daß uns unser Glück erhalten bleibe. Ich bin dem Schicksal trotz allem dankbar, daß er vor mir gegangen ist, weil er einen nochmaligen Tod einer Frau sicher nicht mehr verkraftet hätte.

Tröstlich war für mich auch, daß er so schnell verstorben

ist. Ihn lange leiden zu sehen wäre gewiß schwerer gewesen, denn er hätte ein Dahinsiechen sicherlich nur schwer ertragen, da er zuvor nie im Krankenhaus und auch nie lebensgefährlich erkrankt war.

Bei allem Schmerzlichen bleibt positiv für mich, daß ich selbst daran gewachsen bin. Einmal waren es die Glaubenserfahrungen und zum anderen die Verpflichtungen und Verantwortungen, die ich übernommen habe. Ich habe wohl auch insgesamt innerlich mehr Stärke gewonnen. Ich muß aber auch sagen, daß ich dankbar bin für die vielen Jahre des Zusammenseins und für das, was mir geblieben ist. Ich fühle in mir die Verpflichtung, diese Jahre, die mir noch geschenkt werden, sinnvoll zu nutzen. Mir ist bewußt, daß durch diesen schicksalhaften Einschnitt eine vollkommen neue Lebensphase eingeleitet wurde, in der ich mich von meinen vergangenen Pflichten stärker lösen muß. Dies betrifft insbesondere die Einstellung zu meinen Kindern, die ich noch mehr loslassen muß, um mehr Kraft freizuhaben für mich selbst. Mich reizen neue Aufgaben – wohl auch durch die angesprochene Glaubenserfahrung ausgelöst –, die mein Leben mit neuem Sinn füllen können.

Dabei möchte ich die Vergangenheit nicht vergessen, aber es hat für mich eine entscheidende Bedeutung, daß ich wieder allein bin und mein Leben ganz selbständig und unabhängig gestalten muß.

Auch wenn ich mich anfangs innerlich gegen ein solches Gespräch gesperrt habe, so muß ich doch jetzt feststellen, daß mir dieses Gespräch gutgetan und weitergeholfen hat.

Da war niemand, der verstehen konnte

Cornelia E.

Cornelia hat zwei Söhne. Martin war ihr zweiter Mann, das zweite Kind ist von ihm. Die Kinder waren neun und ein Jahr, sie selbst 32 Jahre alt, als Martin mit 28 Jahren getötet wurde. Er arbeitete als Sozialarbeiter und Therapeut in einer Beratungsstelle, in der Cornelia heute seit fünf Jahren seine Arbeit weiterführt. Sie planten, gemeinsame Therapiegruppen anzubieten. Im Februar 1994 gründete Cornelia zusammen mit einer Freundin eine Selbsthilfegruppe für trauernde Menschen.

Mein Mann Martin ist vor acht Jahren gestorben, sehr plötzlich; am 1. Dezember 1985 ist es passiert. Ich kann mich heute noch genau erinnern, daß er sich ganz besonders liebevoll verabschiedet hatte an dem Abend. Das ist mir sehr eindrücklich geblieben – ja, wie wenn er's vielleicht selber gespürt hat, was ich natürlich nicht weiß.

Er hat damals eine analytische Gestalttherapie-Ausbildung gemacht, wollte sich mit seiner Therapie-Gruppe treffen und am Abend wieder zurückkommen. Ich kann mich erinnern, daß ich abends noch lange gewartet hatte und etwas beunruhigt war, aber dann doch beruhigt eingeschlafen bin. So gegen halb eins in der Nacht bin ich wach geworden und meinte gehört zu haben, daß er wirklich nach Hause gekommen ist. Ich bin dann auch getrost wieder eingeschlafen, weil ich dachte, er hat sich in seinem Zimmer hingelegt zum Schlafen. Im nachhinein habe ich erfahren, daß ungefähr zu der Zeit ... ja ... es passiert ist.

Morgens um fünf Uhr ist der Janosch, der damals 14 Monate alt war, aufgewacht, was er öfter gemacht hat, weil er was trinken wollte. Wir sind zusammen in die Küche gegangen und ich habe gesehen, daß Martin gar nicht da ist, dachte dann aber, na ja, dann ist es wohl spät geworden und er hat bei einem seiner Freunde übernachtet. Ich war mir ganz sicher und war in keinster Weise beunruhigt.

Kurz nach fünf Uhr klingelt das Telefon, und Martins Vater ist am Apparat und will ihn sprechen. Ich hab ihm gesagt, daß der Martin nicht da ist – und dann meinte er: Ach Gott, dann ist ihm was passiert! Ich dachte noch, wieso soll ihm denn was passiert sein, nur weil er jetzt nicht da ist ... hörte dann aber, daß die Polizei bei ihm gewesen sei und ihn informiert hätte, daß auf Martins Auto von einer Brücke aus eine Steinplatte geworfen worden sei, daß Martin schwer verletzt in eine Klinik eingeliefert worden sei und es wahrscheinlich nicht überleben werde.

Ich habe das nicht geglaubt! Ich war der Meinung, da ist sicher jemand anders mit seinem Auto gefahren ... Meine Schwiegereltern und ich haben uns dann in der Klinik verabredet, und ich habe gleich darauf auch in der Klinik angerufen. Ich war ganz sicher, mit Martin sprechen zu können. Es hat sich dann jemand gemeldet, aber das war nicht seine Stimme. Ich dachte noch, huch, der redet ja ganz anders ... bis ich festgestellt habe, daß ich mit einem Arzt verbunden war. Dieser Arzt hat mir dann nochmals die Ernsthaftigkeit von Martins Zustand deutlich gemacht, so daß ich gleich darauf ein Taxi für mich bestellt habe. Mein Sohn Patrik war gar nicht da, weil er bei seinem Vater übernachtete, und so bin ich denn mit dem kleinen Janosch in die Klinik gefahren. Ich war ganz durcheinander, aber dann auch so konzentriert in dieser Situation, daß ich dem Taxifahrer Anweisungen gegeben hab, wie er am schnellsten in die Klinik kommt – wobei ja eigentlich ein Taxifahrer besser wissen müßte, wie er am schnellsten dahin kommt. Aber ich habe mich gegen ihn durchgesetzt, weil ich mich so verantwortlich gefühlt habe, so enorm verantwortlich!

Ich bin dann mit diesem kleinen Baby auf dem Arm rein in die Klinik ... es war noch dunkel ... und dann standen wir da ... vor der Intensivstation ... Sie haben jemand rausgefahren; ich vermute, daß das bereits Martin war. Er war zugedeckt, und im ersten Moment mußte ich mich abwenden, weil ich Angst hatte, hinzuschauen, und ... Nun ja, dann saß ich da und habe auf den Arzt gewartet, der mir sagte, daß sie nochmal eine Operation probieren, daß eben diese Steinplatte ihn direkt auf den Kopf getroffen hat und so viel auch kaputt gemacht hat, daß er schwerbehindert bleiben würde, wenn er durchkommen wird. Das alles habe ich zwar gehört, aber geglaubt hab' ich's nicht. Ich habe natürlich an Wunder geglaubt. Ich bin dann nach draußen gegangen – und dann standen Janosch und ich vor der Klinik und haben auf Martins Eltern gewartet. Es dämmerte langsam ... und mir gingen die seltsamsten Bilder durch den Kopf ... und ich konnte nichts tun als warten.

Irgendwann habe ich dann bei meiner Freundin Barbara angerufen und ihr alles erzählt. Sie sagte, sie werde sofort vorbeikommen. Auch Martins Arbeitskollegen habe ich angerufen und gesagt, er solle die Termine absagen und alles in die Wege leiten, damit die Klienten von Martin Bescheid wissen. Ich hab' auch den Vater von Patrik, meinem ersten Sohn, angerufen, daß er mir doch bitte helfen soll; mich unterstützen soll. Ja – ich hab' erst mal funktioniert, funktioniert, funktioniert. So ging alles blitzschnell, und ich hatte auch einen relativ klaren Kopf in bezug auf das, was ich alles zu organisieren hatte.

Gegen halb sieben kamen dann Martins Eltern und wir sind zusammen reingegangen. Als dann auch meine Freundin Barbara kam, konnte ich ihr den Janosch übergeben, und meine Schwiegereltern und ich durften dann auch etwas später zu Martin gehen. Er lag da – und der ganze Kopf war verbunden. Wirklich ... der Körper war total unversehrt, nur der Kopf war verletzt. Zunächst habe ich ihn gar nicht wiedererkannt, habe immer noch gezweifelt, ob er das überhaupt ist ... Ja – er war ganz kalt, und ich war hin- und hergerissen zwischen Wegschauen und Hinschauen, und ich habe gemerkt, daß die Angst davor und die Bilder, die man sich ausmalt, viel schlimmer sind, als wenn man sich tatsächlich konfrontiert und hinschaut. Ja ... ich war erstaunt, daß es geht.

Wir haben ihn gewärmt, haben ihn angefaßt und gestreichelt. Und er wurde wärmer! Ich hatte so große Hoffnung, daß es ganz sicher wieder wird, wenn er nur unsere Wärme und unsere Liebe hat. Ich hab auf jeden Fall an Wunder geglaubt, daß er wieder heil wird und daß er's schaffen wird.

Am nächsten Tag sagten die Ärzte dann, die Augen reagieren nicht mehr; das heißt, sie können die Geräte jetzt auch abschalten. Es war mir klar, daß das auch nicht mehr Martin war. Da gab es so einen Moment, in dem mir ganz deutlich war: Was da liegt, das ist nur noch der Körper – er selber ist das gar nicht mehr; also eine ganz deutliche Wahrnehmung, daß das, was ihn ausgemacht hat, bereits weg ist aus dem Körper … das, was man Seele nennt … ja!

Und dann begann äußerlich das Funktionieren und Organisieren … all das, was zu tun ist bei einer Beerdigung. Innerlich – da ist meine Welt zerbrochen! Und dieses Bild der zerbrochenen Welt, das hab' ich körperlich gespürt. Die extremsten Gefühle wechselten von einem Moment zum andern. Ich war absolut verwirrt. Ich war vergeßlich, ich wußte nicht mehr, wo ich was hingelegt hab' und wo ich was zu finden hab' … und es schien irgendwie alles auseinanderzufallen.

Am Anfang wollte ich alles nicht wahrhaben, konnte gefühlsmäßig einfach nicht fassen, was es bedeutet:

‚tot' … ‚t … o … t'. Diese Endgültigkeit, die hab ich am Anfang noch nicht begriffen. Ich habe drei Tage geweint! Das war wie ‚Nicht-mehr-aufhören-Können' – und es wurde immer dunkler in mir. Am dritten Tag, als es in mir einfach nicht mehr tiefer runtergehen konnte, entstand, ganz unten angekommen, so was wie ein weißes, helles Licht. Das weiß ich noch, als ob's grad heute war. Das hat mich sehr erstaunt.

Ich habe mir erklärt, was da passierte: Ja – erst im tiefsten Dunkel der Nacht kann es wieder hell werden … und das war eigentlich auch tröstlich. Ich erlebte ganz deutlich, dieses Licht kann nur Martin in mir sein. Was mir dazu auch einfiel, war dieses „am dritten Tage wieder auferstanden" – und das war auch ein ganz großes Erstaunen: Drei Tage ging's runter, und dann war dieses helle Licht in mir. Von heute aus gesehen, war das bereits eine Vorahnung von dem, wie die Aussöhnung mit dem Tod sein könnte.

Erst nach sieben Jahren erlebte ich, wie meine innere Welt wieder ganz war. Als ich durch all die Schmerzen des Verlustes gegangen war und Martin in mir hatte, da wurde die Dankbarkeit immer größer. All das, was ich mit ihm erlebt hatte, was ich bekommen und gelernt hatte, das überwog dann. Und so entstand dann auch das Erleben, daß ich ihn in mir trage und er durch mich weiterlebt ... weiterwirkt.

Verstärkt wurde das Gefühl natürlich auch dadurch, daß ich seit fünf Jahren jetzt die Arbeit an seinem Arbeitsplatz mache, die er gemacht hatte. Das ist ein ganz großer Trost! Es folgte dann eine Zeit des ‚Nicht-wahrhaben-Wollens'. Ich ertappte mich immer wieder, daß ich am Fenster stand und gewartet habe, daß sein Auto um die Ecke biegt, so, wie ich das sonst auch gemacht hab'.

Martins Tod hat Aufsehen erregt in unserer Stadt, er wurde ermordet! – In der Zeit vor Weihnachten gab es diese Aktion ‚Weihnachtswunsch', und es kam natürlich jemand von der Zeitung zu mir. Da hab ich dann eine Nähmaschine gekriegt und einen Wäschetrockner – und ich konnte nicht mal dankbar sein für die Dinge, die die Menschen mir gespendet haben. Im Gegenteil. Ich war so sauer ... ich wollte das alles gar nicht haben. Was ich wollte, war nur er!

Aber diese Wut kam erst später: Die Wut auf die Leute, die Wut darauf, jedem auf der Straße dankbar sein zu müssen, weil er ja auch vielleicht Geld gespendet hatte, die Wut auf die Leute, daß sie auf der einen Seite mit mitleidsvollen Blicken hinter mir hergeschaut haben, auf der anderen Seite neidisch auf die Geldspenden waren, die ich gekriegt habe. Dabei wollte ich dieses ‚Geld' gar nicht ... Ich war wütend auf alles um mich herum, und darüber, daß keiner tatsächlich versteht, wie's mir geht. Es gab niemanden, der *verstehen* konnte!

Sie haben schon gefragt, wie geht's dir – aber hören wollten sie's eigentlich gar nicht. Sie haben meine Tränen nicht mal ausgehalten. Irgendwann habe ich dann angefangen zurückzufragen, ob sie wirklich wissen wollen, wie's mir geht. Das gab zunächst eine große Irritation, aber es hat deutlich gemacht, daß eigentlich keiner meine Tränen aushalten kann und daß jeder hören möchte, ja, es geht mir gut.

Später habe ich das dann auch so gemacht. Ich dachte, ich müßte die Leute auch schützen, schützen vor der Intensität meiner Gefühle. Sie haben oft gesagt, lenk dich ab, tu was für dich – aber, das war kein Trost. Ich hätte um mich schlagen können. Es gab auch Zeiten, da habe ich Stühle an die Wand geworfen, so eine wahnsinnige Wut hatte ich über die Ungerechtigkeit des Schicksals. Da war was, was ich nicht wollte – und trotzdem konnte ich einfach nichts dagegen tun. – Ich hab' mich so schrecklich ohnmächtig gefühlt!

Dann war da die Endgültigkeit. Nach drei Monaten habe ich begriffen, was es bedeutet: Tod! Bis dahin habe ich immer gewartet, daß die Zeit rumgeht, die Zeit ohne Martin, so, als ob ich darauf warte, daß irgendwann die Zeit mit ihm wieder beginnt. Und nach drei Monaten hab' ich's kapiert. Oh! Das war so schmerzhaft: drei Monate tot – vier Monate tot, fünf, sechs ... einfach immer?

Da gibt's diesen Spruch „die Zeit heilt Wunden", aber das hat nicht gestimmt. Ich habe festgestellt, je länger Martin tot war, desto mehr hat er mir gefehlt; desto mehr hat's weh getan. Zehn Monate nach Martins Tod hab' ich einen Brief an ihn geschrieben, der all das ausdrückt, was ich damals zum Thema Zeitgefühl empfunden habe:

„... Am Donnerstag hattest du Geburtstag. Neunundzwanzig Jahre bist du – oder wärst du geworden. Achtundzwanzig Jahre Leben, zehn Monate Tod. Zehn Monate bist du tot. Das sind so unzählig viele Tage und Stunden, eine so lange Zeit, daß ich mich nicht mehr an deinen letzten Geburtstag erinnern kann. Der liegt so e w i g weit zurück! Was ist mit der Zeit los? Ich hab' kein Zeitgefühl mehr. Einmal kommen mir die zehn Monate so lang vor – die Zeit ohne dich geht nicht

vorbei, bleibt auf immer und ewig unendlich. Dann gibt es ein anderes Zeitgefühl. Wenn ich an deinen Tod denke, an meine Wunde, die dein Weggerissensein hinterläßt, und ihre Heilung, dann habe ich das Gefühl, als sei alles erst gestern passiert, dann sind die zehn Monate nichts ... Die Zeit ist so relativ geworden.“

Was ich auch als besonders quälend erlebt habe, waren die Situationen, in denen ich geweint und geschluchzt habe und plötzlich das Gefühl hatte, ich kann nicht mehr aufhören. Das ging manchmal stundenlang, bis irgendwann Panik kam. Es hat dabei auch Momente gegeben, in denen ich Angst hatte, verrückt zu werden. Überhaupt, die Intensität der Gefühle, ob Wut oder Traurigkeit, die war so stark, daß ich manchmal den Eindruck hatte, ich halt's nicht mehr aus. Mein größtes Bedürfnis war eigentlich, daß es jemanden gibt, der mich an die Hand nimmt und der wirklich so jeden Schritt mit mir macht ... ja ... das Bedürfnis, abzugeben ... mich aus der Erschöpfung erholen zu können.

Der Arzt, zu dem ich damals gegangen bin, der hat dann irgendwann mal gesagt, daß es nicht gut ist, daß man so lange traurig ist. Da habe ich mir dann zusätzlich noch um mich Sorgen machen müssen, ob ich es überhaupt verkrafte, ob ich all das durchhalten kann, und das immer wieder ... und über Jahre hinweg immer wieder. Ich durfte ja gar nicht ausfallen, weil ich für meine Kinder noch sorgen mußte. Meine Kinder hatten ja nur noch mich, vor allem der kleine Janosch. Auch diese Alleinverantwortung für ihn, dieses Wissen, daß er nur eine Mutter hat und keinen Vater! Irgendwo war das schon eine große Last für mich und in meiner damaligen Situation eine totale Überforderung. Ich war ja selber so bedürftig – und sollte und mußte für die Kinder sorgen. Und gleichzeitig die Traurigkeit, die die Kinder hatten. Patrik war neun Jahre alt; der war tieftraurig, hatte depressive Phasen – und Janosch so klein ... der hatte mit einem Jahr gerade angefangen, die Welt zu erobern. Aber sie hatten immer nur eine traurige Mutter um sich, und sie haben ein ganzes Jahr nur schwarze Kleidung erlebt.

Diese schwarze Kleidung habe ich übrigens als sehr schützend empfunden. Es war wie so eine Haut um mich herum; wie ein Schutzpanzer, damit keine Angriffe von außen kommen; ein Stück weit auch, um nach außen hin zu demonstrieren, damit die Leute Bescheid wissen, falls ich plötzlich beim Einkauf oder so in Tränen ausbrechen würde, denn diese Tränen kamen manchmal ganz unvorhergesehen. Ja, das war so ein Schutz für mich. Und dann hatte ich körperlich auch wirklich den Eindruck, ich brauche diesen schwarzen Schutz um mich herum. Ich habe mich selber darüber gewundert. Was mir geholfen hat, mit meiner Trauer fertigzuwerden, war schon auch die Fähigkeit und die Möglichkeit, meinen Gefühlen Ausdruck zu geben. Ausdruck insofern, daß ich sie von innen nach außen gelassen habe. Da habe ich glücklicherweise durch meine ‚Bioenergetik-Erfahrung', die ich vorher jahrelang hatte, viel gelernt – und diese Fähigkeit hat mich immer sehr entlastet.

Was ich auch sehr hilfreich fand, war die Beziehung zu meinen Schwiegereltern, die ich vor Martins Tod überhaupt nicht hatte und die sehr intensiv wurde. Sie haben mich wirklich wie eine Tochter angenommen. Ich weiß, wie sie mich irgendwann mal mit „unsere verlorene Tochter" begrüßt haben. Natürlich war das übertragen vom „verlorenen Sohn" – es hat mir aber sehr gutgetan.

Sie haben auch sehr stark getrauert, und wir sind uns in der Zeit sehr nahe gekommen. Es gab die Möglichkeit, ganz direkt zu kommunizieren und offen miteinander umzugehen. Sie haben viel für Janosch getan und er hat sie sehr akzeptiert. In seinem Opa hatte er wirklich ein Stück Vaterersatz gefunden. Zwischen ihnen ist eine sehr herzliche Beziehung gewachsen und da bin ich auch sehr froh darüber.

Was mir noch geholfen hat, war eine Therapie, die ich zwei Jahre nach Martins Tod begonnen habe. Damals ist meine Mutter ebenfalls gestorben, auch recht unvorbereitet. Ein halbes Jahr vorher war klar, daß sie Krebs hatte, und daran ist sie auch gestorben. Das war dann einfach zu viel für mich, zu viel auszuhalten, zu verkraften. Am selben Wochenende, als sie gestorben ist, bin ich auch noch umgezogen ... und da hatte ich den Eindruck, ich werde krank, und zwar psychisch ... ich halte das einfach nicht mehr aus ... Die Therapie habe ich viereinhalb Jahre gemacht, und ich hatte da wirklich einen Ort gefunden, wo ich mir all das holen konnte, was ich gebraucht habe. Und das war sehr erholsam! Die Möglichkeit wünsche ich jedem, der in so einer Situation ist.

Ja – daraus ist dann auch die Idee entstanden, eine Selbsthilfegruppe anzubieten. Jetzt im Februar 1994 – acht Jahre nach Martins Tod – habe ich zusammen mit einer Freundin diese Idee verwirklicht. Schon damals, so ein halbes Jahr nach Martins Tod, hatte ich das Bedürfnis, Menschen zu finden, die in derselben Situation sind wie ich. Ich hatte damals auch schon eine Anzeige formuliert, aber ich hab's nie umgesetzt, weil ich eigentlich nicht genug Energie und Kraft hatte, selber die Initiative zu ergreifen und eine Selbsthilfegruppe zu gründen.

Es ist so, daß man, wenn man selber in der Situation steckt, eigentlich vielmehr jemanden braucht, der stabil ist und einem hilft, die Gefühle auszuhalten. Ich weiß nicht, ob man sich gegenseitig so viel Stütze sein kann, nur indem man dasselbe Schicksal hat und sich austauschen kann. Heute, nach acht Jahren, habe ich genug Abstand, so daß ich einen Ort schaffen möchte, wo sich Frauen und vielleicht auch Männer wirklich das holen können, was sie brauchen; wo sie die Möglichkeit haben, ihre Gefühle zu leben, egal, welche Gefühle das sind. Die wenigsten wagen es ja, ihre Gefühle auszudrücken, und das führt schnell zu Erstarrungen, die sich sogar im Körper manifestieren können.

Ich wünsche mir, daß trauernde Menschen das nicht leben müssen, sondern daß sie ihrem Gefühl Ausdruck geben können und es dadurch auch wieder loswerden. Nur die gelebten Gefühle kann man dann wieder hinter sich lassen und Platz für Neues schaffen.

Ich kann mich auch erinnern, daß ich eine Zeit hatte, in der ich mich als sehr kreativ empfunden habe. Da entstand bei mir etwas ganz innen, als wenn ich an einer Quelle der Kreativität säße ... wo ich auch offen war und eine ganz andere Wahrnehmung in meinem Leben hatte. Das war bereits wie ein positiver Schritt aus der Trauer heraus. Ich hab' gemerkt, da gibt es über meine Sinne so eine feine Wahrnehmung, daß ich auch ganz intensiv leben konnte. Daraus ist dann auch wieder das Bedürfnis nach Zärtlichkeit entstanden.

Vorher, da gab es so einen Punkt – nach ungefähr einem Jahr – da hab' ich mich wie verhungert gefühlt. Ich hatte dann auch einen Traum, durch den das sehr deutlich wurde ... ich konnte mein Gefühl nach Zärtlichkeit, nach Sexualität, nach Austausch einfach nicht leben. Da war auf der einen Seite dieses Bedürfnis, nach einem Partner auch, und gleichzeitig die Unfähigkeit, überhaupt jemanden akzeptieren zu können, jemand anderen als Martin. Meine Schwiegereltern sagten damals immer, Mensch Mädchen, du bist in den besten Jahren, such' dir wieder einen Mann. Sie wollten natürlich auch, daß ihr Enkel wieder einen Vater kriegt. Aber ich war vollkommen unfähig! Ich habe überhaupt niemanden wahrgenommen!

Dann bin ich irgendwann später, aus meinem Bedürfnis nach Körperlichkeit, auch eine Beziehung eingegangen, aber die blieb über Jahre hinweg so unverbindlich, weil ich diesen Teil Martin – meine Trauer, meine Verarbeitung ... alles, was ich mit ihm gelebt habe – aus der Beziehung weglassen mußte. Von daher hab' ich zwei Leben geführt. Ich hab' mich einmal in der Woche mit diesem Mann getroffen, wir haben auch Nähe ausgetauscht – aber die Verarbeitung von Tod oder der

Trauer, die hab' ich da ganz weggelassen; mußte ich auch, weil das tabu war. Der Mann wollte sich gar nicht darauf einlassen. Mein Bedürfnis wäre natürlich gewesen, einen Mann zu finden, bei dem ich sowohl Zärtlichkeit und Sexualität als auch meine Trauer leben konnte. Aber – das ist ja überhaupt nicht möglich. Der Mann wäre auch überfordert gewesen.

Seit zwei Jahren lebe ich jetzt mit diesem Mann zusammen, aber auch erst, als ich innerlich das Gefühl hatte, ich habe meinen Trauerprozeß abgeschlossen. Und dann war ich endlich auch für diese Beziehung bereit, für die ich zunehmend dankbar bin. Ich merke aber trotzdem, daß ich vieles heute nicht mehr leben kann. Diese Unbekümmertheit, dieses Tanzen, dieses Glück ... das lebe ich in der Form nicht mehr. Das ist, als hätte ich das verloren.

Durch den Tod von Martin ist natürlich auch eine große Ernsthaftigkeit in mein Leben getreten. Manchmal kommt bei mir jetzt so was Schelmisches durch, und dann denke ich, das ist jetzt der Teil, den er gelebt hat ... und da freue ich mich dann drüber, wenn der sich auch ausdrückt. Bei meinem Sohn Janosch zeigt sich das auch, daß er Anteile von Martin hat. Die hat er tatsächlich, die kann er sich ja nicht abgeguckt haben. Er lacht genau wie Martin – und das freut mich.

Meine Ernsthaftigkeit durch die Konfrontation mit dem Tod, die ist manchmal auch sehr hinderlich für mich. Mein ganzes Leben ist nur noch ausgerichtet auf Intensität und auf das Wesentliche. Ich kann Oberflächlichkeit und Banales oder Festhalten an Materiellem überhaupt nicht ertragen. Ich verurteile deswegen viele Menschen und bin zum Teil auch sehr ungerecht; war auch oft ungerecht.

Ja – die Tatsache des Todes, die hat mein Leben schon grundsätzlich verändert. Ich lebe immer in dem Bewußtsein, daß es ein Ende finden kann. Von daher ist in mein Leben auch sehr viel Liebe eingekehrt – ja, so muß ich's nennen – weil ich einfach angesichts des Todes festgestellt habe, daß das einzige, was tatsächlich zählt, eben die Liebe ist. Und so versuche ich mein ganzes Leben mit Liebe zu durchdringen ... auch meine Arbeit mit Suchtkranken. Gerade da ist es sehr wichtig, daß das Element des Wesentlichen und der Liebe zum Tragen kommt. Und mit den Kindern sowieso ... da bin ich auch sehr glücklich, daß unsere Beziehung so schön geworden ist.

Heute kann ich sagen, daß ich durch den ganzen Trauerprozeß auf jedenfall stärker geworden bin – viel, viel stärker. Ich fühle mich auch für mein Leben verantwortlicher. Wenn ich mir die Frage stelle, welchen Sinn die Auseinandersetzung mit Martins Tod hatte, dann ist die damit schon beantwortet, zu sehen, daß irgendwann der Tod kommt, früher oder später – und bei mir war es mit 32 Jahren schon sehr früh. Aber dadurch habe ich ja die Möglichkeit, das, was ich noch leben möchte, jetzt zu leben und nichts auf die lange Bank zu schieben ... und das ist auch etwas Schönes.

Bei der Einstellung zum Leben nach dem Tod war ich lange auf der Suche nach Erklärungsmodellen. Überall habe ich gesucht und bin schon ein ganzes Stück weitergekommen, wenn ich so vergleiche mit damals vor acht Jahren. Ich bin heute ganz sicher, daß nach dem Tod die Seele in eine geistige Ebene übergeht, und daß das Geistige auch weiterwirkt in das materielle Leben, das wir jetzt hier leben. Den Hintergrund habe ich vor allem vom anthroposophischen Denkmodell her.

Diese ‚Erklärungsmodelle' waren mir am Anfang doch sehr ungewiß und auch nicht wichtig für mich. Ich hab' gemerkt, ich kann mit Martin reden und es war mir ganz egal, ob das realistisch oder unrealistisch ist. Mir hat's geholfen und gutgetan. Ich hatte den Eindruck, ich hab' auf der geistigen Ebene noch eine Verbindung zu ihm. Immer, wenn ich irgendwie Unterstützung oder einen Rat brauchte, habe ich mich mit ihm unterhalten und war auch überzeugt, daß er mir hilft. Inzwischen bin ich mir ziemlich sicher, daß die geistigen Wesen auch weiterhin auf irgendeine Art und Weise Einfluß nehmen auf unser Leben.

Das ist ein ganz schönes Bild, eine schöne Vorstellung für mich. Sie nimmt auch etwas von den Schrecken des Todes weg ... daß einfach alles aus und vorbei ist. Es kann danach durchaus noch was anderes möglich sein, auch wenn das Materielle zu Ende ist. Die Vorstellung ist tröstlich für mich, und dadurch habe ich inzwischen auch keine Angst mehr vor dem eigenen Tod.

Ich bin heute in gewisser Weise unerschrocken geworden. Wer sich mit dem Tod auseinandergesetzt hat, dem kann eigentlich kaum noch was passieren. So schmerzliche Gefühle ausgehalten und durchlebt zu haben, kann nur noch kräftiger machen. Ja, dadurch bin ich für mein Leben sicherer und stark geworden. Meine Arbeit, die Organisation zwischen Kindern und Arbeit und die zusätzlichen Ideen, die ich kreativ umzusetzen versuche - alles ist davon betroffen. Und für all das bin ich heute ungemein dankbar!

Denen, die sich in einer ähnlichen Situation befinden wie ich, könnte ich sagen, daß sie gucken sollen, ob's eine Möglichkeit für eine Selbsthilfegruppe gibt, in der man sich austauschen kann mit Menschen, denen es genauso geht, um dieses schmerzliche Gefühl der Einsamkeit nicht so stark erleben zu müssen, wie ich das erlebt habe.

Sie sollten sich auch unbedingt eine Situation schaffen, in der es eine Person gibt, bei der man sich anlehnen und ausweinen kann. In idealer Weise wünscht man sich so was von den Eltern, aber selten geht das auch bei den eigenen Eltern.

Wichtig ist gewiß auch, für genügend Schlaf zu sorgen und an die körperlichen Belange zu denken, die notwendig sind ... sich zum Beispiel gesund zu ernähren, weil man enorm viel Energie benötigt. Vielleicht ist es ja auch möglich, eine Kur zu machen. Ich selber hatte damals ein starkes Bedürfnis, umsorgt und bekocht zu werden, hab' das aber nicht umgesetzt.

Ganz wichtig ist das Vertrauen, daß man die schmerzlichen Gefühle durchhält, daß es nach dem Tief auch wieder aufwärtsgeht. – Und wenn nichts mehr geht, hilft vielleicht eine Instanz, die außerhalb unseres Rahmens steht … Gott zum Beispiel …

Ich habe Angst, noch einen geliebten Menschen zu verlieren

Ursula H.

Mit 16 Jahren hat Ursula H. ihren fünf Jahre älteren Mann kennengelernt, mit 21 Jahren geheiratet. Vor der Ehe ist sie nicht berufstätig gewesen. Ursula hat später Pädagogik studiert und als Lehrerin gearbeitet. Es gibt drei Söhne. Ihr Mann war Abteilungsleiter im Versicherungswesen, ist mit 55 Jahren nach kurzer, schwerer Krankheit an Lymphdrüsenkrebs gestorben. Beide haben sich stark in der Kommunalpolitik engagiert und sind gemeinsam vielen Aktivitäten nachgegangen.

Wir waren vollkommen damit beschäftigt, das „Haus für die Arbeiterwohlfahrt" fertigzustellen und haben in der letzten Zeit nicht nur am Wochenende mit den Jugendlichen gearbeitet, sondern sind dann auch abends, wenn mein Mann nach Hause kam, zusammen auf die Baustelle gegangen und haben da noch gewerkelt.

Und in so einer Situation brach mein Mann dann plötzlich zusammen. Wir waren erst 1970 in unser eigenes Haus eingezogen, und im Herbst 1982 wurde er krank. Die beiden ältesten Söhne waren aus dem Hause, und nur unser Jüngster lebte noch bei uns. Es ging uns nie so gut wie in dieser Zeit, weil ich ja mitverdiente. Wir hatten plötzlich zwei Gehälter, die Kinder brauchten uns nicht mehr, und jetzt konnten wir endlich auch mal ohne Sorgen Ferien machen. Wir haben eigentlich in den letzten Jahren sehr viele Reisen gemacht; in jedem Urlaub, wenn's ging.

Unsere politischen Aktivitäten hatten wir immer mehr zur Seite geschoben, so daß wir uns nur noch kreativen und sozialen Dingen zuwenden konnten. Das war sehr positiv. Ja, eigentlich war alles sehr positiv in der Zeit.

Und dann brach diese Krankheit aus. Siegfried lag erstmal 14 Tage zu Hause, und wir wußten noch nicht, was es war. Als ich dann erfuhr, daß es Krebs ist, da habe ich das einzige Mal in der ganzen Situation geschrieen und geweint ... stundenlang, und mich, also wirklich, mich nur ausgetobt. Ja, so allen Schmerz raus, ... und danach konnte ich nicht mehr weinen. Nie mehr. Ich war wie ausgetrocknet.

Im ersten Augenblick war alles aus. Ich hab' dann den Arzt gefragt: „Wie lange kann er noch leben?" – „Na ja – drei Jahre", war die Antwort, was dann ja nicht der Fall war. Aber diese

Nachricht war in dem Augenblick so schrecklich, unvorstellbar – und, wie gesagt, da war nur noch Verzweiflung.

Wenn ich das mit der Situation vor Siegfrieds Tod vergleiche, war das ein ganz anderes Gefühl. In keiner Weise vergleichbar. Da wußte ich auch erst wenige Wochen, daß ich nun keine Hoffnung mehr haben konnte – denn zwischendurch gab es ja mal die ganz große Hoffnung, daß er es schaffen würde, er war doch immer so voller Kraft gewesen. Für viele war es unverständlich, daß ich zu einem Zeitpunkt, wo jeder andere gesehen hat, da ist nicht mehr viel zu hoffen, immer noch an die Wunderdroge geglaubt habe und daran, daß er's eben schaffen würde. Ja, ich habe erst kurz vor seinem Tod akzeptiert, daß er es nicht schaffen kann und daß er, je weniger lange er lebt, desto weniger leiden muß. Ich habe mir seinen Tod nicht gewünscht, aber auch nicht eine Verlängerung seines Leidens. Dieser letzte Karfreitag und dann die Nacht vor seinem Tod waren so schlimm, daß es im Grunde eine Erlösung für ihn war. Und ich hab' ja auch wirklich von Siegfried Abschied genommen und mit ihm gesprochen. Ich hatte das sichere Gefühl, im Koma hört er mich trotzdem. Das tat unwahrscheinlich weh, aber es war so, als wäre etwas erfüllt, so komisch das klingt. Sicher hat das auch einen religiösen Hintergrund gehabt. Durch seine Hilfe war ich so mit ihm gegangen, in diese Situation hinein, daß da überhaupt kein Zweifel war. Ich wußte, er ist angekommen, er ist nicht weg.

Wochen und Monate habe ich das Gefühl gehabt, er hält mich an der Hand. Fast körperlich spürbar. Ich bin ja auch ganz oft mit leicht gekrümmten Fingern spazierengegangen, so, als hätte ich seine Hand in meiner Hand.

Ich hab' auch nachts so geschlafen. Das hat mir sehr viel Kraft gegeben. Ich hab' mich auch immer in seinen Sessel gesetzt, und das war zum Teil so ein Gefühl, er ist in mir jetzt noch da. Ich habe lange Zeit nicht mehr auf meinem Platz gesessen. Es fällt mir jetzt gerade auf, daß sich das wieder geändert hat. Mein jüngster Sohn, der ja noch zu Hause war, sagte immer, ich hätte so waidwund ausgesehen, damals, so schrecklich traurig – und trotzdem war ich sehr ruhig. Ich hatte ja immer das Gefühl, er sieht mit mir, und er ist da. Deswegen war ich auch gar nicht ungern allein.

Wenn ich mit meinen anderen Kindern zusammen war und mit deren Familien, da fiel mir auf, daß ich mich plötzlich einsam fühlte; daß ich verstärkt merkte, Siegfried ist nicht mehr da. Überhaupt, ganz kurz nach der Beerdigung, als wir noch mal zusammen auf den Friedhof gegangen sind, das war für mich qualvoll. Ich fühlte mich restlos überflüssig und hatte nicht das Gefühl, das sind jetzt meine Kinder, die mich trösten, sondern da ist was Fremdes. Ja, das war ganz schlimm, aber ich weiß nicht, warum das so war.

Meine Freunde in der Nachbarschaft haben sich unwahrscheinlich um mich gekümmert. Ich war keinen Tag wirklich allein, und ich bin eigentlich mehrere Tage in der Woche 'mal eben rübergegangen zu ihnen und blieb dann auch eine Stunde oder mehr. Oder sie kamen kurz zu mir, so daß ich also wirklich ständig jemand um mich hatte. Und das war eine große Hilfe.

Eine ganz große Hilfe war natürlich auch die Schule. Solange ich unterrichtet habe, konnte ich wirklich abschalten, mußte ich nicht immer an meine Situation denken. Wenn ich aber über die Flure ging, von einer Klasse in die andere, da überkam's mich dann plötzlich wieder.

Ich denke, die Einstellung zu meinem Beruf ist auch nach Siegfrieds Tod noch intensiver geworden. Aber da ich schon vorher sehr gerne zur Schule gegangen bin, glaube ich nicht, daß sich da Entscheidendes geändert hat. Was ich sehr vermißt habe, waren die Gespräche mit ihm über die Schule. Natürlich habe ich auch meinen Sohn, der mich ja durch die ganze Zeit begleitet hatte, was erzählt. Aber er hatte doch dieses Interesse nicht, und dann läßt man es auch manchmal bleiben.

Mir fehlt besonders der Mensch mit allem Drum und Dran; daß einen keiner mehr an die Hand nimmt, einen streichelt, die körperliche Nähe, die Geborgenheit, die daraus entsteht, das war schon schlimm.

Anfangs fühlte ich mich schutzlos. Aber das ging relativ schnell, daß ich akzeptierte, jetzt bist du allein, jetzt mußt du alles allein packen. Ich hatte ja auch die ganzen Aufgaben, die wir gemeinsam gemacht hatten, die mußte ich jetzt alleine schaffen. Ja, ich habe mich im Grunde genommen bis über den Hals und höher mit Arbeit zugestopft. Sicher auch, um nicht so viel nachzudenken – und das war eine ganz starke Hilfe.

Wenn Freunde zu mir kamen, habe ich mich riesig gefreut. Aber dann habe ich Siegfried auch doppelt vermißt. Ob wir viel oder wenig von ihm gesprochen haben, weiß ich nicht mehr. Ich denke, absichtlich vermieden haben wir es nicht.

Im ersten Sommer nach Siegfrieds Tod – in den großen Ferien – war ich vier Wochen bei Freunden. Die haben mir sehr viel Zeit gelassen, alleine zu sein. Da war immer eine ganz große Traurigkeit in mir, aber ich fühlte mich doch auch aufgehoben und war in der Zeit ein Teil der Familie geworden, mit den Kindern und so. Das war was Neues! Die ersten Gehversuche allein.

Meine eigene Wahrnehmung hat sich nach Siegfrieds Tod sehr verändert. Ich war sechzehn Jahre alt, als ich ihn kennenlernte. Er war damals 21, und das ist in dem Alter ein gewaltiger Unterschied. Er hatte in unserer Ehe durchaus die dominante Rolle und wurde auch restlos in dieser Rolle von mir anerkannt. Das hat sich sicher im Lauf der Ehe, vor allem während meines Studiums, schon geändert, aber ich habe mich doch dann bewußt immer zurückgenommen und habe das auch gern getan.

Jetzt im Alleinsein habe ich mich dann ganz anders entdeckt. Das hat mit der Trauer und dem Alleinsein nichts zu tun, ich denke schon, daß man im Laufe der Zeit ein anderer Mensch wird.

Es wurde mir damals gesagt, daß ich so eine Art inneres Leuchten ausgestrahlt hätte. Ich denke, das kommt wohl daher, daß man durch Schmerz intensiver lebt. Es tut weh, aber jede Art von Empfindung, Freude und Glück, läßt einen ja auch strahlen. Ich glaube, daß dieser Schmerz um etwas Wertvolles einen Menschen schon sensibler macht und alles tiefer empfinden läßt. Es ist ein innerlicher Reifungs- und Wachstumsprozeß.

Ich habe mich auch häufig damit beschäftigt, wie, in welcher Materie, in welcher Form sich Siegfried jetzt befindet. Kann er mich zum Beispiel wahrnehmen? Ist irgendwo noch etwas da, was er spürt? Ja, das hat mich sehr oft beschäftigt. Ich habe diese Frage bis heute nicht eindeutig für mich beantworten können. Es hat Situationen gegeben, wo ich ganz intensiv das Gefühl hatte, ich kann jetzt mit ihm sprechen; ich habe auch laut mit ihm gesprochen. Dabei war ich überzeugt, daß er mich hört. Auch wenn keine direkte Antwort kam, hatte ich oft das Gefühl, daß er etwas gutheißen wird, oder, daß er das nicht mag. All das war wichtig, um mich am Leben zu erhalten.

Auch die Grabstelle war für mich sehr wichtig, vor allem, weil Siegfried sich nicht hat verbrennen lassen. Sein Körper war eben noch da, obwohl ich wußte, er vergeht jetzt. Aber es war noch etwas da! Das hat mit dem Seelischen nichts zu tun. Wenn plötzlich alles weg gewesen wäre, wäre ich vielleicht in Panik geraten, so überaus wichtig ist mir das. Das hat vermutlich so ein bißchen ein archaisches Moment.

Es war nicht schwer für mich, zum Friedhof zu gehen. Es war gut. Obwohl ich Siegfried zu Hause genauso nah war wie auf dem Friedhof, war es hier doch noch etwas konkreter für mich. Ich glaube, das ist ziemlich schizophren.

Ob ich ohne den Glauben an ein Jenseits leben könnte,

kann ich nicht beurteilen. Ich lebe ja mit dem Gedanken, daß es ein Jenseits gibt. Ich denke schon, daß es ein Einbruch wäre, das nicht mehr glauben zu können. Aber heute habe ich nicht mehr die Hoffnung ihn wiederzusehen wie zu Anfang. Nicht mehr! Es gab eine Zeit, in der das ganz wichtig war. Ich glaube aber, daß ich inzwischen eine andere Vorstellung habe, etwa so, daß alles im Kosmos aufgeht, daß wir ein Teil dieser riesigen Schöpfung sind – und das reicht.

Irgendwann war das Wiedersehen dann auch für mich nicht mehr so wichtig. Da hat dann aber auch stark der Verstand mitgewirkt, daß ich mir gesagt habe, „in was steigerst du dich da rein?" Trotzdem gibt es auch heute noch Phasen, in denen ich das gar nicht ausschließe, ihm auf irgendeine Weise wieder zu begegnen.

Ich habe heute nicht das Bedürfnis, etwas anders machen zu wollen oder gar etwas nachholen zu müssen. Das Leben, so wie wir es gelebt haben mit allen Freuden und auch allen schweren Tagen, war gut so. Auch was wir an Konflikten ausgetragen haben, war für uns wichtig. Es hat auch den ein oder anderen Konflikt gegeben, den ich erst nach Siegfrieds Tod aufgearbeitet habe. Aber das ist ganz in Ordnung.

Ich bin schwer mit dem Endgültigen fertiggeworden. Die Verlustangst hat sich sehr auf mein Leben übertragen, so daß ich heute noch nicht frei davon bin; ich habe Angst, wieder einen geliebten Menschen zu verlieren.

Nach dem Tod von Siegfried sind meine Kinder und ich ein bißchen enger zusammengerückt. Alle. Der Schulterschluß war fester geworden, seit mein Mann nicht mehr da war. Wir haben ganz schwierige Konfliktsituationen gemeistert, die von den Kindern vielleicht nicht so angegangen worden wären, wenn Siegfried noch dagewesen wäre.

Die Kinder selbst sind mit dem Tod ihres Vaters wohl unterschiedlich umgegangen. Am deutlichsten habe ich das bei unserem Jüngsten gemerkt, der ja noch im Hause war. Er fühlte sich verantwortlich für mich und litt auch sehr mit mir. Er selbst hatte ständig das Gefühl, etwas versäumt zu haben. Es gab für ihn so viel, was er seinen Vater noch alles hätte fragen mögen, mit ihm hätte besprechen wollen, wenn er noch leben würde.

Was ich bei anderen Trauerfällen empfunden habe? Ich glaube, ich habe alles gar nicht mehr so an mich rangelassen. Einmal allerdings mußte ich bei einer Beerdigung sprechen, und ich habe abbrechen müssen, obschon mir der Verstorbene nicht sonderlich nahestand.

Mein gesundheitlicher Zustand war sehr schlecht, deshalb habe ich eine Kur machen müssen. Danach ging es mir etwas besser. Kurz darauf gab es eine neue Partnerschaft, oder besser, den Versuch einer Partnerschaft. Mir ist damals gesagt worden, ich hätte nur von Siegfried gesprochen, und unsere Beziehung sei deswegen auseinandergegangen.

Wenn ich zurückdenke, habe ich sicher zwei Jahre für meine Trauerarbeit gebraucht.

Ich habe viel von Siegfried geträumt. Anfänglich habe ich nie sein Gesicht gesehen, es gab kein Gesicht, nur verschiedene Bilder seiner Krankheit. Immer wieder diese Phasen der Krankheit. Das war unerträglich, auch im Wachzustand habe ich mir sein Gesicht nicht vorstellen können. Später kam es dann wieder. In der Kur hat mir der Arzt sehr geholfen, weil er meine Trauer ernst nahm. Er sprach von einem verzögerten Trauersyndrom, und davon, daß man auch an gebrochenem Herzen sterben könne.

Was ich anderen in einer ähnlichen Situation raten könnte? Immer wieder die gemeinsame Zeit bewußt machen und dankbar sein. Die Umwelt nicht verändern, was an Äußerem geblieben ist, erhalten. Eine Aufgabe haben und nicht immer zu Hause sitzen. Vor allem sollte man sich nicht isolieren, was nicht immer leicht ist. Auch wenn man manchmal lieber allein sein möchte, sollte man seine Freunde nicht abweisen.

Für mich war es auch eine Hilfe, als ich nach zwei Jahren plötzlich angefangen habe zu schreiben; Gedichte und anderes. Da hatte sich so viel aufgestaut, was ich loswerden mußte. Das war für mich eine andere Art, als darüber zu sprechen. Über manche Sachen spricht man einfach nicht. Ich habe auch meine Träume aufgeschrieben. Von Siegfried gab es auch viele schriftliche Zeugnisse, die ich zuerst nicht lesen konnte, die mir später aber eine große Hilfe waren. Und ein ganz wichtiger Schatz waren mir seine Briefe. – Inzwischen habe ich mich auf mein Alleinsein eingerichtet und denke immer in großer Dankbarkeit an unsere gemeinsame Zeit zurück.

Dieses Gespräch wurde im Dezember geführt. Zwei Monate später starb der zweitälteste Sohn mit 36 Jahren an Lympho-Granulomatose. Die Krankheit trat plötzlich auf und verlief innerhalb von vier Monaten tödlich.

Sein Lebenslicht hat von zwei Seiten gebrannt

Enna P.

Enna hat mit 43 Jahren ihren Mann verloren, sie hat eine Tochter. Ihr ursprünglicher Beruf war Schauspielerin, sie übte aber während ihrer Ehe diesen Beruf nicht aus. Ihr Mann war Arzt und Konzertsänger, verunglückte mit 49 Jahren tödlich bei einem Autounfall in Südfrankreich. Enna lebt allein und ist heute freiberuflich pädagogisch und schriftstellerisch tätig. Diese Aufzeichnungen wurden zehn Jahre nach dem Tod ihres Mannes festgehalten.

Die Nachricht kam völlig unerwartet. Wir waren gerade in unser eigenes Haus eingezogen, hatten den Wohnort gewechselt, obwohl das Haus eigentlich noch gar nicht bezugsfertig war. Am Tag nach dem Umzug verreiste mein Mann für einige Tage, und von dieser Reise ist er nicht mehr zurückgekommen. Ich hatte mich darauf gefreut, während seiner Abwesenheit alles in Ruhe einrichten zu können, um ihn damit zu überraschen. Auch meine Tochter war nicht zu Hause, sie war die Ferien über zu meiner Schwester eingeladen.

Es war ein ungewöhnlich kalter Winter, bis nach Ostern gab es noch Schnee. Am Karfreitag wollten wir dann alle wieder zusammen sein.

Am Montag davor rief mich unerwartet der Leiter der ärztlichen Dienststelle an, in der mein Mann tätig war, er wolle mich am Nachmittag besuchen. Das überraschte mich sehr, und ich sagte noch, daß er doch damit warten möge, bis mein Mann wieder zurück sei. Er bestand aber auf seinem Besuch, und ich dachte mir nichts weiter dabei, zumal ich noch am Abend zuvor mit meinem Mann, er war da in der Schweiz, telefoniert hatte.

Wie Herr Schanzke es mir mitgeteilt hat, weiß ich gar nicht mehr. Ich erinnere mich nur, daß ich immer wieder gesagt habe: „Nein! Das ist nicht wahr! Das muß ein Irrtum sein" ... und dabei bin ich ganz ruhig gewesen, weil ich es einfach nicht geglaubt habe. Herr Schanzke war so ratlos, daß er schließlich ans Telefon ging und die Polizeidienststelle anrief, um sich für mich noch einmal zu vergewissern, doch auch dann habe ich es nicht glauben können. In meinem Kopf gab es überhaupt keine Gedanken mehr, ich hatte nur das Bedürfnis, allein zu sein. Am Abend kam Herr Schanzke dann noch einmal mit seiner Frau vorbei, die Ärztin ist und mir Beruhigungstabletten für die Nacht mitbrachte. Am selben Abend habe ich auch meine Schwester angerufen und es ihr gesagt, denn sie mußte ja meine Tochter vorbereiten.

In der Nacht habe ich natürlich kaum schlafen können und mich ganz allein in dem neuen Haus schrecklich gefürchtet. Es waren schlimme Stunden.

Etwas besser wurde es dann am nächsten Tag, als meine Tochter wieder da war, und meine Schwester für einige Tage bei mir blieb. Ich weiß nicht, wie ich sonst die ersten Tage überstanden hätte.

Mein Mann hatte in der Dienststelle ein Schriftstück hinterlegt, in dem alles festgelegt war, was bei seinem Tod zu regeln sei. Das hat uns sehr geholfen, weil die ganzen Formalitäten durch die Dienststelle erledigt werden konnten. Man hat mich vorbildlich unterstützt und betreut und auch dafür gesorgt, daß die Überführung aus Frankreich, wo der Unfall passiert war, wenige Tage später durchgeführt werden konnte. Mit der Einäscherung hat es allerdings dann noch Monate gedauert.

In dem Schriftstück meines Mannes befand sich auch eine letztwillige Verfügung, ein Entwurf für eine Todesanzeige und ein Abschiedsbrief an mich. Selbst über die Ausrichtung seiner Trauerfeier im engsten Freundes- und Familienkreis hatte er sich Gedanken gemacht. Was das alles für mich bedeutete, kann nur der ermessen, der etwas Ähnliches erlebt hat. Ich kann auch nur jedem ans Herz legen, sein Haus zu bestellen, ehe es zu spät ist.

Als mein Mann noch lebte, hatten wir schon öfter über den Tod gesprochen. Er war kein Tabuthema für uns. Wir waren auch beide davon überzeugt, daß er die Krönung und Erfüllung eines Lebens sein würde. Doch inwieweit trägt eine solche Überzeugung in dem Augenblick, wenn einen das Unfaßliche trifft? Ich habe lange gebraucht, um aus dieser Haltung heraus Kraft schöpfen zu können, mit dem mir so sinnlos erscheinenden frühen Tod fertigzuwerden.

Zunächst gab es nur ein unsagbares Gefühl der Ohnmacht in mir. Was ich auch hätte anstellen mögen, nichts in der Welt konnte mir ja diesen Menschen zurückbringen. Das machte mich ganz klein und demütig, und ich habe damals besonders viel mit Gott zu sprechen versucht. Ich glaube, daß mir das dann schließlich auch geholfen hat, den Tod meines Mannes in einem höheren Sinne zu begreifen.

So manches Mal habe ich mich gefragt, ob ich ihn nicht doch von seiner Reise hätte abhalten sollen. Seltsamerweise hatte er mich darauf angesprochen, als er sich von mir verabschiedete, und das, obwohl ja alles beschlossen war und ich auch zugestimmt hatte. Wenn er sonst auf die Reise ging – und er war ja durch die künstlerische Tätigkeit viel unterwegs – hatte er nie eine solche Frage gestellt.

Ich habe das für mich so gedeutet, daß er vielleicht eine Todesahnung in sich gehabt hat, zumal viele kleine Anzeichen auch dafür sprechen, daß er so etwas gefühlt haben könnte. Er hat noch zwei Tage vor seiner Abreise eine zusätzliche Lebensversicherung abgeschlossen und von einem Traum gesprochen, der ihn stark beschäftigt haben muß. Leider hat er ihn mir nicht erzählt, weil er mich nicht damit belasten wollte. Was hätte ich jetzt dafür gegeben, Näheres darüber erfahren zu haben.

In vielen Gesprächen mit Freunden und vor allem auch mit meinem Vater habe ich immer wieder versucht, eine Antwort auf die Frage zu finden, inwieweit die Zeit vorbestimmt ist, in der wir abgerufen werden. Schließlich hat mir der unerschütterliche Glaube meines Vaters ein wenig geholfen, daß wir keine Macht über den Tod haben und daß wir uns über einen Strohhalm den Hals brechen können, wenn unsere Zeit um ist.

Ich habe damals viel religiöse und philosophische Literatur gelesen und schließlich auch für mich eine Antwort auf diese Frage gefunden.

Mein Mann hatte sich immer einen schnellen Tod gewünscht. Es tröstete mich ein wenig, daß ihm dieser Wunsch erfüllt worden war, auch wenn er viel zu früh gestorben ist. Dem Unfallbericht nach kann er nicht lange gelitten haben, er war wohl sofort tot.

Mir war es damals unerklärlich, daß ich das Schreckliche nicht gefühlt hatte. In vielen Situationen vorher waren wir immer wieder erstaunt gewesen, daß sich uns gegenseitig Dinge mitgeteilt hatten, fast telepathisch, über die wir nicht gesprochen hatten. Und jetzt war alles geschehen, ohne daß ich das Geringste davon gespürt hatte. Dieser Gedanke hat mich lange Zeit traurig gemacht, doch dann habe ich mich damit zu trösten versucht, daß man in der Todesstunde gewiß mit wesentlicheren Erfahrungen besetzt ist und daß Sterbende den Lebenden wohl schon entrückt sein müssen. Lange Zeit hat es mich noch bedrückt, daß ich in seiner letzten Stunde nicht bei ihm sein konnte.

Später, als mein Vater starb, und auch beim Tod meiner Schwiegermutter, ist mir dann einiges deutlich geworden. Ich habe miterlebt, wie ein Sterbender sich auf sonderbare Weise entfernt – und seitdem bin ich überzeugt, daß das Ereignis des Todes alle irdischen Bindungen aufhebt, und ich bin dann zufrieden gewesen.

Ich denke, daß die intensive Auseinandersetzung mit all diesen Fragen mich dann schließlich auch befähigt hat, die Endgültigkeit des Todes ohne Bitterkeit und Anklage zu ertragen. Der Weg bis dahin aber war ein langer, langer Prozeß. Es gab zwischendurch immer wieder Zweifel und Einbrüche, neue Tiefen und vor allem keine Lebensfreude mehr. Nur die Verpflichtung meiner Tochter gegenüber hat mich immer wieder auf die Beine gestellt.

In den ersten Wochen nach dem Unfall hatte ich das Gefühl, als ob ich von der körperlichen Hülle meines Mannes umgeben sei. Manchmal, wenn ich das besonders intensiv erlebte, stellte ich mich vor den Spiegel, um mich zu vergewissern, ob mein Kopf nicht von seiner Aura umgeben war. Das Gefühl war mir aber nicht unangenehm, es hat mich eher beruhigt. Ich fühlte mich dadurch stark mit ihm verbunden, ja, fast zu einer Person verschmolzen … und nichts konnte mir willkommener sein. Vor dem Einschlafen habe ich immer ein Tonband mit Liedaufnahmen aus seinen Konzertprogrammen gehört. Dadurch habe ich vorübergehend vergessen, daß ich allein war.

Als einige Monate später einmal ein Musikerfreund meines Mannes bei uns zu Besuch war, machte er mich auf diesen ‚Kult' aufmerksam. Er sagte das so vorsichtig, daß es nicht weh tat, und mir wurde langsam klar, daß ich mich damit immer wieder von der Wirklichkeit entfernen und den Zustand der Trauer vertiefen würde. Ich habe mich dann allmählich davon zu lösen versucht, auch wenn ich mich eigentlich gar nicht lösen wollte. Nein, im Gegenteil, ich suchte jede Gelegenheit, den Geist meines Mannes zu beschwören. Wenigstens diese Verbundenheit mußte ich mir erhalten, um weiter existieren zu können.

Wenn ich nachts aufwachte und durch die Zimmer wanderte, setzte ich mich oft an den Schreibtisch und schrieb meine Verzweiflung und Sehnsucht aus mir heraus. Auf irgendeine Art mußte ich mich hemmungslos mitteilen können, um meine Gefühle, die sich in mir angestaut hatten, auch entladen zu können. Ich hatte mir nämlich eingehämmert, meinen Schmerz nach außen hin mit Würde zu tragen. Ich kannte ja die Einschätzung meines Mannes, wenn man sich gehenließ, und das wurde für mich zu einer Verpflichtung.

Freunde haben einmal gesagt, ich sei bei der Trauerfeier aus mir herausgetreten und habe neben mir gestanden. So ähnlich habe ich mich auch damals gefühlt, und ich weiß vieles nicht mehr, was vor sich gegangen ist. Diese ganze Trauerfeier habe ich nur in dem Gedanken überstehen können, daß mein Mann ja eine höhere Daseinsstufe erreicht hatte, und ich war überzeugt, daß er an seinem Ziel angekommen war. Gleichzeitig hoffte ich, ihm bald nachfolgen zu können. Überhaupt waren diese Wünsche öfter in mir, zumal ich in meinem Alter ja noch so viele Jahre vor mir sah und nicht davon ausgehen konnte, daß mein Leben bald zu Ende sein würde.

Eines Tages wurde mir klar, wie grenzenlos egoistisch ich mich dabei verhielt, denn wie sollte meine Tochter ohne uns beide zurechtkommen, wenn ich es nicht einmal ohne meinen Mann schaffte?

Wir haben lange auf die Genehmigung zur Einäscherung warten müssen, da es sich ja um einen Unfall handelte, der sich dazu noch im Ausland ereignet hatte. Die Wartezeit war quälend, weil wir gar nicht recht zur Ruhe kommen konnten, denn uns stand ja noch die Beisetzung bevor. Oft bin ich zur Leichenhalle gefahren, denn ich konnte es nicht ertragen, daß der Sarg da so nackt und alleingelassen aufbewahrt wurde. Ich habe manchmal Blumen abgegeben, aber ich weiß nicht, ob die überhaupt auf den Sarg gelegt worden sind.

Es war äußerst schwer für mich, die Grabstelle zu akzeptieren. Dort wurde ich ja damit konfrontiert, daß das alles tatsächlich geschehen war, was ich noch nicht glauben konnte. Ja, ich habe monatelang gemeint, irgendwann müsse die Tür aufgehen und mein Mann müsse zurückkommen.

Später habe ich mich oft auf dem Friedhof aufgehalten, denn der Frieden und die Ruhe haben sehr wohltuend auf mich gewirkt. Oft bin ich nur über den Friedhof gegangen und habe Grabinschriften gelesen. Irgendwie war es mir ein Trost, daß auch viele andere sehr jung gehen mußten und wir nicht allein davon betroffen waren.

Eines Tages, als ich am Grab meines Mannes stand, sprach mich eine ältere Frau an, die ich bis dahin nie bemerkt hatte.

Sie steckte mir einen Zettel zu, den ich erst zu Hause in Ruhe gelesen habe. Weil die Zeilen viel in mir bewegt haben, möchte ich sie hier an andere weitergeben: „Was wir bergen / in den Särgen / ist vergänglich / ist der Erde Kleid / Was wir lieben / ist geblieben / bleibt in Ewigkeit". Eine Pfarrerswitwe, die wenige Wochen zuvor ihren Mann verloren hatte, wollte mir auf diese Weise helfen. Sie ist mir in all den Jahren des Alleinseins eine sehr liebevolle, mütterliche Freundin geworden und hat mir mit vielen tiefgehenden Gesprächen geholfen, mich zurechtzufinden.

Ich habe mich oft gefragt, ob ich es schneller hätte glauben können, wenn ich meinen Mann noch einmal im Sarg gesehen hätte. Aber ich bin nicht sicher, ob das gut für mich gewesen wäre. So habe ich ihn in Erinnerung behalten, wie er sich von mir verabschiedet hat, auch wenn ich sein Gesicht zu Anfang verloren hatte. Ich vermute, daß das durch den Schock bewirkt worden ist, und dieser Zustand war dann nach einiger Zeit auch wieder vorbei. Fotos von meinem Mann konnte ich aber trotzdem nicht aufstellen.

Seltsamerweise fühlte ich mich damals an den Anfang unserer Ehe zurückgeführt, so, als ob mit dem Tod plötzlich alles aufgehört habe.

Einige Monate nach dem Unfall hatte ich einen sonderbaren Traum: Wir waren zusammen bei einem älteren Ehepaar eingeladen. Mein Mann saß in einem Sessel und fühlte sich plötzlich nicht wohl. Ich eilte zu ihm, um ihm zu helfen, aber er legte den Kopf auf die Seite und zeigte kein Lebenszeichen mehr. Ich nahm sein Gesicht zwischen meine Hände, sprach ihn an, wußte aber im selben Augenblick, daß er tot war. Das löste eine große Traurigkeit in mir aus, aber ich hatte gleichzeitig ein ‚heiliges' Gefühl dabei. Danach fand ich mich als kleines Kind, ein Säugling fast, auf dem Schoß des Hausherrn wieder, der schon ein älterer Mann war. Darüber bin ich weinend aufgewacht, fühlte mich aber wie befreit. Ich glaube, in diesem Traum habe ich endgültig den Tod meines Mannes akzeptiert.

Ein anderes Schlüsselerlebnis hatte ich in der Zeit als ich nicht loslassen konnte. Ich bildete mir ein, daß es ja über den Tod hinaus eine Verbindung unserer Seelen geben müsse, wenn ich mich nur tief genug darauf einstimmen würde. Ich konnte einfach nicht begreifen, daß etwas auf alle Zeit verloren sein sollte, was im Innersten zusammengehörte. Wir hatten beide unsere Liebe als schicksalhafte Fügung erlebt und dankbar angenommen. Dasselbe Schicksal konnte uns nun doch nicht auf ewig trennen ...

Diese Vorstellungen und Sehnsüchte verdichteten sich vor allem nachts, wenn ich durch die Wohnung geisterte. Eines Nachts aber bekam ich große Angst, mich zu verlieren. Und da hatte ich plötzlich das Gefühl, daß mir jemand auf die Hände schlug und mir damit zu verstehen gab, daß ich zu diesen Bereichen keinen Zutritt habe. Man sagt, daß man die Toten loslassen muß, damit sie ihre Ruhe finden können. Das habe ich mit diesem Erlebnis erkannt und dann auch getan.

In den vielen Jahren, in denen ich meine Trauer Schritt für Schritt zu bewältigen versuchte, habe ich mir viel von der Seele geschrieben. Ich war dabei immer auf der Suche, meinen Mann neu zu finden: in vielen Dingen, die wir gemeinsam erlebt hatten, in fiktiven Gesprächen mit ihm, in denen ich ihn genauer zu sehen hoffte. Manchmal hatte ich das Gefühl, kaum etwas von ihm zu wissen, dabei kannte ich ihn doch fast wie mein zweites Ich. Ich kann mir das alles nur so erklären, daß ja all meine Fragen an ihn jetzt unbeantwortet blieben; daß vieles, was mir früher selbstverständlich vorgekommen war, jetzt für mich verschleiert blieb, weil das endgültige Aus dahinter stand.

Bei meinen Schreibversuchen waren es manchmal nur emotionale Ausbrüche, die mir Erleichterung brachten und meinen Schmerz dämpften. Manchmal waren es auch Versuche, mich neu zu finden, mich mit Fragen auseinanderzusetzen, die für die Sinngebung meines Lebens wichtig waren. Bei all diesem Bemühen war das Bild meines Mannes zu einer inneren ‚Leitfigur' geworden. Er wurde mein geistiger Begleiter auf dem Weg zu einem neuen Selbstverständnis meiner Person, die nun ihr Leben anders und wieder allein gestalten mußte.

Finanziell ging es uns gut. Was mir fehlte, war, daß ich das entstandene geistige Vakuum neu füllen mußte. Mir fehlte vor allem der Gesprächspartner, den natürlich meine Tochter nicht ersetzen konnte, auch wenn wir uns gerade in der Zeit sehr nahegerückt sind. Mit ihrer intuitiven Art hat sie so manche schwere Stunde abgefangen.

Mein Mann und ich haben eine geistig sehr lebendige Ehe geführt. Neben der Vertrautheit und Wärme vermißte ich deshalb auch besonders die vielen Impulse, die ich durch seine künstlerische Arbeit erhalten hatte. Es gab kein Konzertprogramm, an dem wir nicht gemeinsam sprachlich gearbeitet hätten. Für mich war das gleichzeitig eine Art Ersatz für die eigene künstlerische Tätigkeit, denn ich hatte während der Ehe bewußt auf meinen Beruf verzichtet.

Übrigens ist mir später aufgefallen, daß in fast jedem Konzertprogramm auch Lieder enthalten waren, die sich mit dem Tod befaßten. Manchmal denke ich, daß mein Mann eine gewisse Todesahnung in sich getragen hat. Vielleicht hat er sogar gespürt, daß er nicht alt werden würde. Er hat auch nie über das Alter gesprochen – aber er hat sein Leben äußerst intensiv gelebt. Es gab so viele Dinge, die er gleichzeitig tat ... neben seinen zwei Berufen hat er auch noch geschrieben ... und die vielen Pläne, die ihn beschäftigten, wurden meistens auch in die Wirklichkeit übertragen. Heute kommt mir das so vor, als sei sein Lebenslicht von zwei Seiten gleichzeitig abgebrannt.

Mir hat es manchmal geholfen, daß ihm ein langes Leiden erspart geblieben ist. Es war mir in gewissem Sinne auch ein

Trost, daß er so aus dem vollen Leben heraus ‚abtreten' konnte, was er sich immer gewünscht hatte.

Ein halbes Jahr nach dem Tod – im Wintersemester – habe ich ein Studium begonnen, obwohl mir gar nicht danach zumute war. Aber ich mußte einen Weg finden, meine Zeit anders zu verbringen als mit Erinnerungen, und heute betrachte ich das Studium als einen Therapieersatz. Meine depressive Grundstimmung war schon sehr ausgeprägt, obwohl ich damals glaubte, daß wir unser Leben in nahezu gewohnter Weise weiterführten: Unser Tagesablauf blieb unverändert, wir machten auch Urlaub wie in den Jahren zuvor, aber es muß sich doch mitgeteilt haben, daß ich im Grunde keinen Lebenswillen mehr in mir hatte. Alles war zu einer Pflichtübung geworden, und jeder neue Tag war mir eine Last.

Über Weihnachten sind wir in die Sonne geflogen, um nicht an die schönen gemeinsamen Winterurlaube in Norwegen erinnert zu werden. Es ist mir wohl auch gelungen, etwas offener zu werden, im Grunde aber war alles so unwichtig für mich. Ich habe es hauptsächlich meiner Tochter zuliebe getan, die sehr unter meiner Verlorenheit litt. Sie versuchte, mir auf kindliche Art und Weise mit ihren 16 Jahren meinen Mann zu ersetzen, was natürlich nicht ging, aber sie war mir eine große Hilfe. Da gab es noch einen Menschen, dem man sich mitteilen konnte und mit dem sich reden ließ. Damals ist es mir nicht bewußt gewesen, daß ich sie mit meiner langen Trauer und den vielen Gesprächen auch überfordert habe. Irgendwann wurde sie mal sehr aggressiv, weil sie nicht mehr ertragen konnte, daß ich meine frühere Fröhlichkeit verloren hatte.

Sie selbst hatte den Tod absolut verdrängt, ihn sogar einem alten Schulfreund gegenüber verschwiegen. Ihr Glaube an Gott war erschüttert, und sie gab ihm die Schuld für den Tod ihres Vaters. All ihre Gebete hatten nicht geholfen, den von ihr geliebten Menschen zu beschützen und vor dem Tod zu bewahren.

Ich habe oft mit ihr darüber gesprochen und versucht, ihr das ‚Vater unser', das mir so viel Kraft gegeben hat, näherzubringen, aber ihre Einstellung habe ich dadurch nicht beeinflussen können.

Als sie dann ihr Studium begann und das Haus verließ, mußte ich mich abermals in einen neuen Lebensabschnitt hineinfinden und habe das Alleinsein doppelt stark empfunden.

Inzwischen aber hatte sich auch beruflich etwas entwickelt, und die Arbeit machte mir sogar Spaß: Ich erhielt unerwartet einen Lehrauftrag am Lektorat für Sprecherziehung der hiesigen Universität und hielt auch Seminare im Rahmen der Erwachsenenbildung ab.

Etwa zwei Jahre nach dem Tod meines Mannes bin ich zusammen mit meiner Tochter an die Unfallstelle nach Südfrankreich gefahren. Wir wollten es beide und hatten auch das Gefühl, daß es gut für uns war. Das war ein wichtiger Einschnitt für uns und hat unser Bewußtsein verändert. Ich weiß, daß ich danach zur Ruhe gekommen bin. An der Unfallstelle haben wir sehr stark empfunden, daß sich hier unser gemeinsamer Lebenskreis geschlossen hatte. Von da an mußten wir unseren Weg allein weitergehen ... und seltsamerweise ist es mir danach leichtergefallen.

Es tat mir immer sehr wohl, wenn Freunde meines Mannes mich besuchten oder wenn ich in Briefen lesen konnte, wieviel Sympathie und Anerkennung ihm entgegengebracht worden war. Das alles bestärkte mich, daß er den Schmerz wert war, und sein Tod wurde für mich zu einer Art persönlicher Verpflichtung. Ich fühlte mich aufgerufen, mich diesem Menschen würdig zu erweisen. Er hatte mein Leben so entscheidend bereichert wie kein anderes Ereignis vorher, und nun war es an mir, diese Kraftquelle nicht versiegen zu lassen und auch den Alltag mit Anstand und in seinem Sinne bestehen zu können.

Unsere Freunde haben bewundernswert zu mir gehalten. Das war vor allem deshalb wichtig für mich, weil sie eine Brücke zu meinem früheren Leben bildeten. Ich war auch stets darauf bedacht, die Atmosphäre unseres Hauses aufrechtzuerhalten und keinerlei Veränderungen vorzunehmen. Es hat wohl viele Jahre gedauert, bevor ich Umstellungen zulassen konnte, und vieles ist bis auf den heutigen Tag unverändert geblieben.

Neben meiner pädagogischen Arbeit hat sich seit einigen Jahren eine intensivere Beschäftigung mit dem Schreiben entwickelt. Es hat erste Veröffentlichungen in Lyrik und Prosa gegeben, und damit habe ich eine neue Ausdrucksmöglichkeit gefunden, die für mich große Bedeutung hat.

Ich bin zunehmend dankbar für unser gemeinsames Leben. Ich bin auch dankbar, daß es keinerlei Schuldgefühle bei mir gibt. Wir haben unsere Zeit intensiv erlebt und vieles unternommen, was wir uns eigentlich finanziell gar nicht hätten leisten dürfen. Unglücklichen Eheleuten hätte ich am liebsten immer zurufen mögen, daß sie sich ja noch haben und die Zeit gemeinsam gestalten sollten, bevor es zu spät ist.

Es tröstet mich sehr, daß ich zwar eine kurze, aber sehr glückliche Ehe erleben durfte und daß uns eine Liebe geschenkt war, die nur wenigen Menschen begegnet. Jemand hat mich mal damit zu trösten versucht, daß es leichter sei, einen Menschen an den Tod als ans Leben zu verlieren. Damals habe ich das nicht nachvollziehen können, heute jedoch weiß ich, wie wichtig es für mich ist, einem Menschen bis zum Tode in Liebe verbunden gewesen zu sein.

Mein ganzer ‚Werde-Prozeß' blieb zunächst in starkem Maße an ein gedachtes Einverständnis meines Mannes gebunden. Später wurde daraus ein Gradmesser für die Veränderung meines Selbstwertgefühls, das sich auf andere Art neu entfaltete. Es bleibt bis heute wichtig für mich, das, was ich tue, auch vor dem Hintergrund möglicher Anerkennung durch ihn zu erleben. Viele mögen diese Haltung als rückwärts gerichtet betrachten, für mich ist sie die Basis meines Lebens. Dadurch bleibt mir eine Verbundenheit erhalten, die mich nicht lähmt, sondern zu eigener Weiterentwicklung anregt und bereichert.

Diese geistige Kraft hat mich in all den Jahren des Alleinseins getragen, und ohne sie wäre ich gewiß müde geworden.

Mit einem lyrischen Text, den ich neben vielen anderen in der damaligen Zeit geschrieben habe, möchte ich meinen Beitrag abschließen. Er könnte stellvertretend für den Verlauf meiner Trauerzeit stehen.

Versuch einer Flucht

Der Himmel ist fern.
Kalt und stumm
bleiben die Sterne,
während die Erde
zu schwanken beginnt.

Stimmen ziehen mich fort,
und bohrend nagt
ein Ticken den Rest.

Die Wand ist dünn,
die uns trennt.
Doch der Weg zu Dir
bleibt verhüllt,
auch wenn meine Seele
das Dunkelland ahnt.

Dennoch: Die Grenzen stehen fest
zwischen dem Hier
und dem möglichen Dort.

Man weist mich zurück,
da meine Spur
eine andere Richtung zeigt.

Ich sammele den Tau,
der die Gräser tränkt.
Ich höre die Blumen
ihr Lebenslied singen.
Die Schatten vergehn.

Über mir spielen wieder
Wolken und Wind.

Gegen die Einsamkeit des Schweigens

176 Seiten, kartoniert,
ISBN 3-451-23141-7

Meist trifft es Kinder unvorbereitet, und ist dadurch um so erschütternder und verwirrender: der Verlust eines nahen und geliebten Menschen. Ein Buch das hilft, den Tod als Teil des Lebens anzu nehmen. Es ermutigt Erwachsene und Kinder, über den Tod zu reden und die unterschiedlichen, oft verwirrenden, angstvollen Gefühle auszudrücken. Im ersten Teil erhalten Erwachsene Hilfestellungen für ihre eigene Auseinandersetzung mit dem Tod.
Im zweiten Teil lernen Kinder, wie man z. B. malend und schreibend, mit Gefühlen und Ängsten umgehen kann. Dieser Arbeitsteil vermittelt den Zusammenhang von Leben und Sterben auf kindgerechte Weise und weckt Verständnis für Schmerz und Trauer.

Ein Begleitbuch, das hilft über das Unbegreifliche zu sprechen.

HERDER